72-3

TRATADO
DE LA FLEBOTOMÍA
Ú OPERACION
DE LA SANGRÍA.

TRATADO COMPLETO

DE LA FLEBOTOMÍA,

Ú OPERACION

DE LA SANGRÍA.

Esta obra contiene toda la Anatomía que debe saber un Sangrador: en ella se explica lo manual de todas las operaciones de la sangría y la del aneurisma: asimismo el modo de aplicar las sanguijuelas y ventosas: igualmente se expone el modo de curar los síntomas y accidentes que pueden seguirse de dicha operacion.

ESCRITA

POR DON JUAN FERNANDEZ VALLE, *Profesor de Cirugía, y segundo Ayudante de Anatomía en el Real Hospital General de esta Corte.*

EN LA OFICINA DE CRUZADO.

MADRÍD, MDCCXCIV.

Se hallará en la Librería de Copin, Carrera de San Gerónimo.

DISCURSO PRELIMINAR.

La Cirugía, como todas las demas ciencias, ha sido y es cultivada por hombres de diferentes grados de sabiduría : unos la han perfeccionado é ilustrado , y otros la han obscurecido y aniquilado : lo que un prudente observador adelantó fue destruido por un ignorante que le sucedió : de aquí la confusion , el trastorno y la ignorancia.

De todas las clases de estudios el de la Cirugía es el mas desagradable y penoso : en su teórica no se hace mas que leer continuamente la historia de las miserias humanas : la práctica hace ver al Profesor los estragos producidos por los apetitos, y el efecto de los cambios de la naturaleza y estaciones : en una palabra, le pone á la vista las imágenes originales de las ideas que concibió en aquella , espectáculos capaces de infun-

dir

dir terror al mas animoso guerrero : si se junta á esto la multiplicidad de libros que de esta ciencia se han escrito, con la variedad en el modo de juzgar de sus Autores , es fácil comprehender que se necesitan muchos años para poder sacar de tantas contradicciones algunos hechos útiles.

Esta tan preciosa como necesaria ciencia ha sido inventada por los hombres, y por esta razon ha sufrido las alternativas que todos los establecimientos humanos : su origen es tan obscuro como necesaria su perfeccion , y acerca de él se han dicho varios despropósitos, que deben darse al olvido.

No me parece necesitaba de otro que el de los males que afligieron á los primeros hombres, cuyas incomodidades parece debian obligarlos á buscar remedios: no obstante, para satisfacer el deseo de los curiosos, pondré aquí algunas noticias históricas, según las he podido adquirir.

Se dice que Apis, Rey de Egypto fue el inventor de la Cirugía ; para creer-

creerlo es necesario probar una de dos proposiciones: primera, que no hubo enfermedades hasta aquella época: segunda, que sí las había no se indagó el modo de curarlas. Despues *Esculapio* escribió un tratado de heridas, y tuvo por sucesores á los Filósofos de los siglos siguientes, á cuyo cargo se dexó la Cirugía.

Pitágoras, *Empedocles*, *Parménides*, *Demócrito*, *Quiron* y *Péon*, á quien siguió *Cleon Bruto*, que fue el que curó un ojo á *Antioco*: se cree que *Archágato* fue el primer Cirujano que se estableció en Roma. *Hypócrates*, décimooctavo descendiente de *Esculapio* la cultivó y exerció con mas conocimiento y acierto que lo habian hecho los Médicos que le antecedieron. En Egypto dicen fue perfeccionada por *Philógenes*, y que escribió varios volúmenes. *Gorgeas*, *Sostrates*, *Hieron*, y los dos *Apolonios* y *Ammonio* en Alexandría; y en Roma *Triphon* el padre, *Evelpistus* y *Meges* aumentaron sus descubrimientos cada uno en su tiempo. *Herophi-*

philo y *Erasistrato* ya siguieron el exemplo de *Asclepiades* en asistir á pocas enfermedades externas: asimismo se sabe que por espacio de algunos siglos un solo hombre exercia todas las partes del arte de curar; y como hace muchos que está dividido en varios ramos, se pregunta quién fue el que hizo la division. A *Erasistrato* se la atribuyen varios ; pero por otra parte se sabe que *Hypócrates* , *Galeno* , *Aëcio*, *Pablo Egineta* , *Avicena* y todos los Médicos Griegos, Latinos y Arabes exercieron á lo ménos la Medicina y la Cirugía : en poder de los últimos empezó á decaer , y entre los que le sucedieron experimentó su total ruina : por vánidad ó temor no querian mojar sus manos en sangre humana. En aquellas épocas, y en las que se siguieron fueron las de la Cirugía relativas á las revoluciones de los Reynos : de aquí se siguió el que algunas Naciones sabian algo, y otras apénas tenian la mas remota noticia de semejante ciencia; por cuya razon merecian mucho aprecio los Cirujanos.

Po-

Poco despues de la resureccion de las letras en Europa fue quando el conocimiento y la inteligencia de las lenguas abrió la puerta para que entrasen en el tesoro que estaba depositado, especialmente entre los Griegos y Latinos. Despues con este auxîlio y los conocimientos que diariamente adquirian se formaban excelentes Médicos y Cirujanos; pero como la disposicion apoyada por las leyes permitia al Médico exercer la Cirugía, volvió á decaer ésta: desde aquel tiempo hasta el presente experimentó las alternativas que por ser tan notorias omito.

Dividida la Medicina en Cirugía y Farmacia corrió la misma suerte que ántes; de forma, que esta facultad ha sido el juguete de los hombres mas idiotas, quienes juzgan tienen derecho para practicarla sin mas estudio ni permiso que su voluntad. Conocida la necesidad y decadencia de la Cirugía, y que no se dedicaban á ella hombres de talento por la poca estimacion y estipendio que les daban, tuvieron á bien varios Gobierbiernos de Europa hacer dos clases de Cirujanos, una que llaman latinos, y otra vulgares ó romancistas con relacion al idioma de cada país; estas juiciosas y acertadas disposiciones no surtieron el deseado efecto por causas diferentes, ya fuese por haber pocós Profesores, ya por tener demasiadas ocupaciones; de modo, que en otro tiempo cumplia un Profesor exâctamente con las partes que constituian su profesion, y desde su division todo es contiendas, controversias y ódios, y los enfermos son víctimas de la etiqueta. Por este y otros pretextos está reducida esta ciencia á secretos y específicos; de modo, que los que la profesan con escasos conocimientos adoptan algunos de ellos; otros dicen obtienen gracia para curar diferentes afectos, con cuya máxima extraen del pueblo ignorante sumas considerables, hasta que experimentada la falacia por los pacientes paran por fin de su tragedia en poder de los verdaderos científicos, y por lo comun en un estado en que nada puede hacer el arte. De este

des-

desórden se valen algunos pacientes para desacreditar la ciencia y vilipendiar á los Profesores.

Valiéndose de la verdad de que el arte es dilatado, y la vida de un solo hombre corta para adquirir un grado de conocimientos, por los que se haga útil á sí y á sus semejantes, han multiplicado, dividido y subdividido la Cirugía en tantas partes, que puede dudarse si hay algun Cirujano propiamente tal. El luxo, propio de las grandes sociedades y poblaciones, con sus invenciones, que llama *modas*, de tal suerte ha despertado los sentidos y avivado las pasiones, que se hace estudio particular para agradarse unos á otros, y engañarse reciprocamente, consiguiendo por premio de su industria padecer, ademas de los males que experimentan los que viven con regularidad, otros e-traños ó poco conocidos, como enseña la experiencia.

De aquí, los Dentistas, Hernistas, Oculistas, el grande y perjudicial núme-ro de Comadres, y Comadrones que ca-
re-

recen de los principios necesarios para su profesion, y un crecido número de Sangradores, á quienes dirijo el principal objeto de mi discurso : si cada uno de los sugetos que se dedican á estos ramos en particular tuviera ántes los principios que debe tener todo buen Cirujano, y lo hiciesen para ser mas perfectos en aquella parte, seria loable su idea; pero juzgo que el número de estos es muy escaso, y que los mas lo hacen por ardid. Es muy sensible ver en los Tribunales multiplicidad de pleytos sobre asuntos vergonzosos, y que si los que los fomentan tuviesen los verdaderos principios, serian muy escasos: mucho mas doloroso es ver entrar en los Hospitales continuamente un crecido número de enfermos de ambos sexôs y de todas calidades, que han sido inocentes víctimas de su interes é ignorancia.

¿Quántos habrá entre las clases referidas que hayan estudiado la estructura del cuerpo humano, baxo de aquellas reglas que están prescriptas desde

mu-

mucho ántes del respetable *Hypócrates*, y que despues han adquirido la posible perfeccion? cada uno puede darse la respuesta. Ser Médico, Cirujano ó Profesor de qualquiera de las partes de la Medicina, é imaginarse conseguir victoria sobre las dolencias sin el auxîlio de la Anatomía podrá suceder; pero todos los que estan ténidos por Autores de dos mil y trescientos años á esta parte afirman que es muy dificil, y muy fácil cometer errores. No por esto debe entenderse que el Anatómico no necesita de otros conocimientos, sino que con ménos, y con mas seguridad, expedicion y facilidad conoce y cura las enfermedades. Para ser Anatómico se necesitan muchos años, buenos libros y maestros, y disecar cadáveres de todas edades y sexôs. Bien saben los Prácticos que los mejores y mas útiles descubrimientos se deben á los Anatómicos. Muy bien conocia la fuerza de esta verdad el viejo *Hypócrates*, Anatómico Osteologista consumado de su tiempo, quando encargaba á su hijo *Thesalo* que estudiase con mucha exâctitud el esqueleto. *Galeno* conoció todo el nervio de esta verdad, porque habiendo estudiado la anatomía que dexó *Hypócrates*, con los pocos adelantamientos que habia adquirido hasta él, se vió en la necesidad de ir á Alexandría, porque no le permitian disecar, y en aquella Ciudad habia algunos Profesores que tenian esqueletos humanos.

A mayor abundamiento, y en prueba de lo que llevo dicho, y que desde los principios de la Cirugía conocieron los hombres la necesidad de la anatomía para los que practican el arte de curar, en todas ó en alguna de sus partes; y para que conste por escrito esta verdad á los principiantes insinuaré algunos de los muchos testimonios que nos presentan los fastos de la historia de los primeros siglos, y mucho mas en los últimos, omitiendo estos por no ser prólixo.

Si creemos el testimonio de *Diógenes Laërcio*, *Eusebio* y *San Clemente Alexandrino*, el primero y el segundo,

escribieron un comentario de *Platon*, y
otros Filósofos, particularmente de los
de la secta de *Pitágoras*, los que quieren sean los primeros que disecaron hombres y animales. *Eusebio* dice que se
lee en *Manethon*, que *Athotis*, á quien
da cronología griega coloca el reynado,
muchos siglos ántes de nuestra era, escribió obras de anatomía. *Homero* dice
que en la herida que *Eneas* recibió de
Diomedes estaban comprehendidos los
dos nervios que sujetan el femur, y
que éste se salió de su cavidad. *Demócrito* estudió anatomía, y quando fue
Hypócrates á curarle su supuesta enfermedad le halló disecando. *Pitágoras* fue Anotómico, *Empedocles* y *Alc-
meon*, sus discípulos, lo fueron igualmente. En el reynado de *Ptolomeo Phi-
ladelfo*, Protector de las artes y ciencias y de los sabios, se sabe que *Herophilo* y *Erasistrato* disecaron en Alexandría cadáveres humanos, y se les
permitia abrir vivos á los reos para averiguar diferentes cosas. *Aristóteles*, uno
de los padres de la Historia natural

di-

disecó animáles de todas especies. Este
era el estado de la Anatomía entre los
Griegos, quando *Archágato* vino á
Roma en el Consulado de *Lucius Œmi-*
lius Paulus, y *Marcus Libius Salina-*
tor, doscientos diez y nueve años ántes de Jesu-Christo. Pasados cien años
vinieron de la Asia menor á Roma otros
Profesores. Despues de los principales
fundadores de la Anatomía *Herophilo* y
Erasistrato, si acaso fueron contempo-
ráneos, siguieron *Licus*, *Quintus* y *Ma-*
rinus, segun consta de las obras de
Celso. *Areteo* estudió y practicó la Anatomía, y lo mismo *Rufus* de *Epheso*
en el reynado de Nerba y Trajano:
asimismo *Galeno* y *Sorano* contemporá-
neos. Quando decayó el Imperio Ro-
mano le sucedió lo mismo á la Anatomía, experimentando en las épocas
siguientes peor suerte que se ha dicho
de la Cirugía.

En vista de tántos y tan ciertos
hechos que comprehenden desde las
primeras edades del mundo, es digno
de admiracion ver hay en nuestros tiempos

pos quien se atreva á practicar, no solo
las grandes operaciones, sino también
las mas pequeñas y despreciables sin
los conocimientos necesarios de la Anatomía, mayormente quando todos los
maestros y padres de la ciencia lo encargan con grande cuidado. Siendo así
que el signo mas característico de la Cirugía y del Cirujano es la parte operativa; ¿si ésta la exercen los ignorantes, qué aprecio ha de merecer? Me
quedo absorto al ver los Oculistas ignorantes operar sobre la admirable y
delicada fábrica de los ojos, cuyos efectos saben y ven todos los inteligentes:
me sorprehenden los estragos que causan los Dentistas, que no conocen la particular estructura de las mandíbulas y
dientes, los que sin reparar en la distribucion y enlace de la multitud de
nervios que en ellos se distribuyén, son
causa de los enormes accidentes que suelen seguirse á los imperitos Hernistas con
sus operaciones poco metódicas, hechas
sobre partes tan sensibles é irritables,
como son los intestinos y una absoluta
ig-

ignorancia de las diferentes circunstancias con que se presentan las hernias, dan motivo á la pérdida de muchos ciudadanos, concluyendo sus desaciertos con tanta variedad de bragueros, construidos sin arte ni conocimiento de los sitios en que se deben aplicar: las Comadres y Comadrones que carecen de principios son una de las principales causas de la despoblacion de nuestra península.

No quisiera ponerme de mala fe con mis amigos y compañeros los Cirujanos Sangradores; pero en obsequio de la verdad no puedo ménos de decir que nuestra falta de instruccion é intrepidez da lugar á la desgracia de muchas familias. Para remediar en lo posible este defecto me ha parecido útil reunir en un pequeño volumen todos ó los mas conocimientos que tienen conexion con la operacion de la sangría, ó á lo ménos los que he podido adquirir por los libros, maestros y la experiencia; guiado por ésta y las mejores autoridades anatómicas y chirúrgicas, pondré

en

en execucion este plano omitiendo la
mayor parte de citas por los inconve-
nientes que de ellas resultan en la creencia de que la verdad no necesita autoridad que la apoye.

Para proceder con método y claridad he tenido á bien dividir todo mi
discurso en ocho capítulos, colocados
por el orden con que se deben aprender y practicar. El primero trata de
los sitios en que se practica comunmente la operacion de la sangría. El segundo de las partes en que se practica. El
tercero de aquellas, cuyo conocimiento
es necesario para evitar sus heridas y
punturas. El quarto de las precauciones
que se deben tener ántes de la sangría,
en ella y despues. El quinto de los diferentes modos y medios de evacuar la
sangre. El sexto del manual de cada
operacion en particular. El septimo de
algunos síntomas propios de la sangría,
y de los accidentes primitivos y consecutivos, con el modo de diferenciarlos.
El octavo y último de cómo se deben
corregir los síntomas y accidentes en ge-

nenéral, y de cada uno en particular.

Entre el número excesivo de libros que se han escrito en las Naciones estrangeras, como son Inglaterra, Francia, Alemania, Italia y Portugal, sobre la sangría, proponiéndose sus Autores diferentes fines en ellos, de los que cónozco y poseo, de las mas de ellas no tengo noticia de ninguno que trate baxo este plan, ni reunido los conocimientos que debe tener un Profesor para executarla con la debida exâctitud. Unos tratan de sus utilidades, otros de sus perjuicios, algunos del modo dé curar por ella, varios de sus indicaciones generales y particulares, y vice versa.

A primera vista se advertirá en mi prospecto que omito tratar de todos estos puntos, y que me limito solo á los que tienen conexîon mediata ó inmediata con la operacion de la sangría, dada por supuesta su indicacion; y para decirlo de una vez, solo trato del arte de sangrar con principios. Este punto se halla tratado por varios Autores desde

la

la mas remota antigüedad hasta nuestros dias; no obstante, repito que en
ninguno he visto unidos todos los conocimientos precisos para esta materia.

Los que con mas fondo y propiedad debieran hacerlo no pueden por
diferentes causas, como son las varias
y multiplicadas obligaciones, la edad,
ciertas razones políticas, ó el no querer
exponerse á la crítica universal. La satisfaccion cierta de que no me apropio
trabajo, ni mérito ageno me infunde
nuevo espíritu, propiedad que no se
observa en los escritores del dia, pues
dan por original lo mismo que se halla
escrito con mas orden y acierto en Autores clásicos; defecto digno de la mas
dura reprehension literaria.

El lenguage que usan nuestros Autores de Cirugía modernos es tan raro
y particular, que no se halla semejante en los diferentes idiomas conocidos:
tengo noticia de algunos, á lo ménos por escrito: he viajado por varias
Provincias: manejo Diccionarios: pre-
gunto, y me quedo con el deseo de saber

lo

lo que quieren decir en una tercera parte
de sus escritos , sin que se hayan hecho
cargo de que sus obras han de servir de
guia á los principiantes, y éstos por lo co-
mún tienen pocos conocimientos de la facultad y de su idioma. El desenfrenado
apetito de hablar en latin bastardo con
quien no sabe mas que castellano es una
parte , y la otra consiste en unir al idioma de los sabios el mas tosco y grosero,
á lo que debe agregarse una pequeña
parte de la lengua española , resultando
una especie de xerga ó algarabía imposible de ser entendida. No es menor la
dificultad que ofrecen las abundantes traducciones que continuamente se estan
publicando, pues ademas de la miscela-
nea de los idiomas , cambian el verdadero sentido con que se explican los Autores : este defecto, no solo perjudica á
los principiantes y Profesores , sino al
Pueb'o en general. Si hay quien quiera
tomarse el trabajo de cotejar las que llaman traducciones con sus originales no
querrá creer que son tal ; bien que si los
Traductores exercen otra facultad , é ig-
no-

noran los rudimentos del arte , no es
de admirar truequen el verdadero sentido. ¡No es un dolor ver en obras de
uno , dos , quatro , seis y ocho tomos
enteramente trastornadas las ideas de
sus Autores !

Volviendo al objeto principal ¿no es
digna de reprehension la libertad de con-
ciencia con que algunos Profesores des-
tituidos de principios dan declaraciones
juradas á peticion de los Juezes ó de los
interesados, cometiendo absurdos incorregibles? Es muy dificil que cometan estos
yerros los que saben la estructura del
cuerpo humano ; por esta razon insisto
en que todos los que se dedican al arte
de curar deben desde el principio instruirse en las verdaderas máximas que se
deducen de la Anatomía práctica , agre-
gándoles los conocimientos de Fisiologia,
que suelen adquirirse al mismo tiempo.
Por lo ménos deben saber los Cirujanos
Sangradores el origen y distribucion de
los vasos sanguíneos , los nervios , los
músculos y otras partes que se hallan en
los sitios en que con mas freqüencia se
prac-

practica la operacion de la sangría. El mismo conocimiento se necesita para hacer uso de qualquiera de los otros medios dé que se vale el arte para evaquar sangre. Asimismo le es indispensable el conocimiento de la circulacion de la sangre, y de parte de los agentes que contribuyen á aumentarla, ó disminuirla; y como es imposible adquirir estas nociones sin estudiar ántes la Anatomía, deduzco que el Flebotomista debe ser Anatómico.

Apénas hay libro en que no se halle alguna confesion genuina, hecha por Prácticos ignorantes, de defectos, cometidos por ignorar la estructura de las partes, sobre que operaban; causa por qué con prudencia nos exponen el peligro para que lo evitemos. Bien conozco habrá algunos tan obcecados en su ignorancia, que no querran ceder ni salir de ella por mas razones y experiencias que se les den y presenten. Por ultimo, no puedo ménos de advertir que omitiré la descripcion de los diferentes modos y medios con que los antiguos hacian las

san-

sangrías, para que sus atroces y dolorosas operaciones se den al olvido. Tampoco trataré del origen de la sangría, pues nos basta saber es un remedio tan antiguo como la medicina, y que entre quantos ésta conocen no hay uno, cuya eficacia tenga comparacion con el de éste. Consta que los Médicos que antecedieron á *Hypócrates* la practicaban; y aunque éste encarga sean moderadas, en enfermedades que ahora se multiplican, debe saberse que *Hypócrates* y los de su tiempo median las sangrías por libras, y nosotros las medimos por onzas.

Igualmente preferiré la sencillez en la operacion; vendajes y apósito siempre que satisfagan la indicacion con seguridad y conveniencia del operado, y á satisfaccion del operador. La cantidad de sangre que debe extraerse la determinará la indicacion: su exámen no es propio de los principiantes, porque exige conocimientos teóricos y prácticos, que no deben suponerse en ellos. Las vasijas en que debe depositarse la sangre serán de vidrio ó de qualquiera de

de las diferentes clases de loza fina, y
jamas de metales, á no ser de oro.

Todos los Autores declaman acerca
de la enumeracion y descripcion de los
dotes fisicos y morales que débe tener el Cirujano Sangrador: sobre este
punto nada puedo decir que no esté
repetido muchas veces con toda la ele-
gancia y crítica que merece: no obstante, pueden verse las obras de *Celso*
y de *Lanfranc* de Milan.

Puede ser no falte quien diga que
exijo demasiados conocimientos en un
Flebotomista; pero estoy en la creencia
de que todos son necesarios, fundado
en esta máxîma que por mí he adopta-
do, y es que el hombre debe tener
los conocimientos que son necesarios para
el desempeño de las obligaciones que
contrae, y hacer uso recto de ellos.
Aquél que llegue á poseerlos y prac-
ticarlos se hace digno del honor, amor,
é interes de sus semejantes, en atencion á que entre las felicidades temporales no hay otras mas dignas de apré-
cio que la vida y la salud, de que
se

se sigue que el que contribuye á con-
servarlas ó á restablecerlas, si están ofen-
didas, es acreedor á que se le trate
con el mayor aprecio. Los justos elo-
gios y honores con que se premia la
inteligencia, constancia y prudente intrepidez de un General no hay Rey-
no, Provincia ni sugeto que no lo aprue-
be, porque resulta en beneficio del bien
comun y particular: si esto es así, ¿qué
razon habrá para que no se proceda del
mismo modo con qualquiera de los Profesores sabios de las diferentes partes
del arte de curar? siendo así que todos dirigen sus miras á un mismo fin.
¿Podrá tener un Monarca guerra mas
cruel y sangrienta que un número crecido de Profesores poco instruidos?

Las epidemias, las pestes, los efectos inseparables de las estaciones &c.
¿no son suficientes para aniquilar un
estado por numerosa que sea su pobla-
cion, pingues sus rentas y fertil en sus
producciones? dudo haya quien lo nie-
gue. Pues á todas estas calamidades
subvienen en lo posible los hábiles Pro-
fe-

fesores de la ciencia, conservadora de la salud humana, por lo que deben ser mirados con el aprecio que merecen unos ciudadanos, que son útiles para sí, la Patria y el Rey.

CAPÍTULO PRIMERO.

De las partes en que comunmente se practica la operacion de la sangría.

ARTÍCULO PRIMERO.

De las partes en general.

Los antiguos, ménos instruidos en la anatomía y fisiologia que los modernos, multiplicaban sin necesidad los parajes en que se debe practicar la operacion de la sangría: de aquí nacia el crecido número de venas que abrian en diferentes sitios de la cabeza, cara y demas partes, para llenar las indicaciones que se figuraban; y sin embargo de los crueles dolores que hacian padecer á los enfermos, y de los accidentes, que de ordinario se seguian, insistian en su opinion, no reparando en estimular con violencia la sensible é irritable membrana pituitaria para extraer la cantidad de sangre que juzgaban necesaria. En medio de la frente, y en todas las partes de ella donde se perci-

A   ben

ben venas practicaban la operacion de la sangría, sin que quedase exênta ningúna de las partes que rodean el globo del ojo interior y exteriormente; y aun el mismo globo no se exîmia. En el dia se sangra en algunos de estos sitios, en ciertos, y determinados casos. En la boca, sobre el ángulo de la mandíbula inferior, en la parte anterior y posterior de las orejas, en estas mismas, y tambien en toda la circunferencia de la porcion cabellosa si percibian venas: finalmente abrian las yugulares con indiferencia, y no falta hoy quien los imite.

Por causa de esta ignorancia abrian por sistema en determinados afectos y lugares ciertas venas de las extremidades superiores, creidos de que si se faltaba á alguno de los preceptos, ademas de no satisfacer la supuesta indicacion, resultaba en perjuicio de los pacientes. Por este medio pretendian evacuar la sangre de determinadas vísceras, contenidas en las tres cavidades. Es digna de reprehension la conducta de aquellos que en el dia los imitan, cerrando los ojos á la verdad y á la experiencia; las razones en que se fundan son dignas

A

de

de desprecio. Las venas que se hallan en toda
la extension de las extremidades inferiores
eran el norte que los guiaba en sus curaciones. Los modernos mas ilustrados por los últimos descubrimientos, solo hacen uso de
aquellos conocimientos útiles que los antiguos poseian, abandonando todos los que
son fútiles ó infundados. El conocimiento
exâcto de la estructura, sitio y uso de las
partes sólidas y líquidas de que consta nuestro cuerpo, nos ha impelido á que proceda-
mos con mas sencillez, suavidad y acierto
en nuestras curaciones.

ARTÍCULO II.

De los sitios en que se practica la sangría.

Las partes en que se debe practicar la operacion de la sangría, generalmente hablando,
son de dos maneras: una de necesidad, y otra
de eleccion; pero el sitio en que debe practicarse lo determinará la indicacion. No obstante, guiados los Profesores por la experiencia, han tenido por suficiente para satisfacer

di-

dicha indicacion evacuar la sangre por las partes que vamos á determinar, pues aunque seria muy util en ciertos casos sacarla de otras, es dificil, ó imposible su execucion.

Al crecido número de venas que los antiguos abrian en la cabeza, cara y cuello se han substituido en general dos venas, sangrando de la yugular derecha en las enfermedades situadas en las partes internas, y contenidas en el craneo, y de la yugular izquierda en la mayor parte de las enfermedades colocadas en las diferentes partes que forman exteriormente la cabeza y cara. En algunos casos se sangra en la boca de las raninas y en el ángulo interno del ojo de la vena de este nombre. Ignoramos el motivo por qué no se practica la seccion de las arterías temporales externas, hallándose tan recomendada por algunos antiguos en cierta clase de apoplegías, cuya utilidad está insinuada por algun moderno. He visto practicar, y yo mismo he practicado todas las que acabo de referir, ménos esta; no obstante, harémos mencion de ella por si acaso se halla algun aficionado á la opinion de los antiguos. Para evitar equivocaciones determinaremos el número de

ve-

venas en que se sangra en el cuello y en las diferentes partes de la cara: es á saber, en las partes laterales y anteriores del cuello, las dos yugulares externas; en las temporales, las artérias y venas de este nombre; en los ángulos internos de los ojos, las venas de sus nombres; y en la cámara anterior de la boca, debaxo de la lengua, y á los lados del frenillo, las raninas. Estas son las que exîgen conocimientos particulares, respecto á la operacion y demas circunstancias indicadas; pues aunque se puede extraer sangre de todas las partes de la cabeza y cara por otros medios distintos de la operacion de la sangría, no tiene lugar aquí su explicacion, porque se han de tratar con mas oportunidad en otra parte. En las extremidades superiores pueden abrirse todas las venas que estan situadas anteriormente desde la parte inferior del brazo; esto es, todo el antebrazo hasta la muñeca; y por el dorso del antebrazo y mano, en toda su extension, y aun entre las extremidades superiores de los dedos, debiendo comprehender las de los bordes radial y cubital del antebrazo: no obstante, las preocupaciones suelen obligarnos

á que sea en determinados sitios y venas;
pero por la comodidad del Sangrador, y por
la facilidad en la operacion se sangra en alguna de las venas que están situadas cerca
de la articulacion del antebrazo, y en el dorso
de la mano. En las que se hallan en los intersticios de los últimos dedos, particularmente entre el anular y el auricular ; cerca
del anular, siempre que no haya causa que
lo impida, pues si la hubiese es indiferente
para el efecto abrir otra que se presente
mas á descubierto, como se dirá en su lugar.

En las extremidades inferiores se practica la operacion de la sangría comunmente en los bordes interno y externo del pie,
cerca de los maleolos ó tobillos ; algunas
veces en el empeyne ó garganta del pie, y
rara vez en su dorso. No falta entre los modernos quien recomiende la sangría hecha en
el dorso del pene para curar las gonorreas;
pero necesita muchas excepciones esta operacion, en caso que los Prácticos la adop-
ten. En la circunferencia del ano, en la de
la vulva, y en otros diferentes sitios de la
superficie del cuerpo se extrae sangre con
bastante utilidad; pero como no es por medio

dio de la operacion de que vamos hablando,
no haremos mencion de ellos. Aunque en el
capítulo siguiente se tratará con exâctitud
del número de las venas y de las arterias, del
lugar que ocupan y de su direccion , nos ha
parecido del caso señalar en general los sitios
en que se practica la sangría por medio de la
operacion, por las razones siguientes: primera, porque en cada uno de estos sitios pide'lo
manual atenciones particulares: segunda, porque de todos estos lugares describiremos en
particular el modo de hacer la operacion: tercera, porque se necesita, ademas del conocimiento de la estructura, sitio, direccion
y comunicacion de las partes referidas, conocer la conformacion exterior de cada sitio
en el estado natural para poderlo distinguir
del preternatural, pues en éste varían todas
las circunstancias ; y si el Profesor no está
adornado de todos los conocimientos nece-
rios, puede cometer absurdos incorregibles,
los que facilmente podrá evitar sabiendo tomar el partido mas seguro, con relacion á las
circunstancias en que se halle : quarta, si
por alguna de las causas mencionadas no
puede executarse la operacion en el lugar
de-

determinado, debe practicarse en aquel que juzgue mas á propósito, guiado por el conocimiento de la circulacion, y persuadido á que el paciente conseguirá el alivio que se propone el que manda la sangría, siempre que no haya otra causa que lo impida.

CAPÍTULO II.

De las partes en que se practica la operacion de la sangría.

ARTÍCULO PRIMERO.

De la estructura de las arterias.

Antes de dar principio á este capítulo es indispensable decir qué se entiende por Anatomía, y en quántas partes se divide. La Anatomía es el arte de disecar ó separar con método y la posible integridad las partes sólidas de los animales para conocer su situacion, figura, conexîon y estructura. Este nombre tiene varias significaciones; por esta razon se puede definir la Anatomía de diferentes modos. Los objetos de la Anatomía son dos: uno próxîmó, y otro remoto: el próxîmo, to-

ma-

mado en el sentido del arte de disecar, es el conocimiento fisico de todas las partes só- lidas que componen los cuerpos de los animales, y especialmente el del hombre : el remoto es la utilidad que se sigue para operar con conocimiento y seguridad, y de este modo poder conocer las enfermedades, ya médicas, ya quirúrgicas.

Los autores de este arte la dividen en cinco partes, que son Osteologia, Miologia, Esplanologia, Angiologia y Neurologia: la Angiologia es la que por ahora llama nuestra atencion ; su objeto es tratar de los vasos en general, y en particular de los sanguineos, arteriosos y venosos. El buen orden pide se trate ántes de la estructura de cada clase.

Las arterias son unos tubos cilíndricos, elásticos y membranosos, compuestos de una verdadera túnica, que traen su origen del corazon, de donde conducen la sangre á todas las partes del cuerpo, y terminan en vasos capilares. El número de las arterias en general es menor que el de las venas, y el diámetro de estas mayor que el de aquellas. Algunos quieren defender que hay partes que no tienen ar-

te-

terias, como son las epidermis y la membrana
aracnoydes, &c. pero somos de parecer que
no hay parte en la economía animal que no esté provista de arterias, principalmente quando no hay otro camino conocido por donde las
vaya la nutricion. Su sutileza no dexa pasar
á las inyecciones mas finas; y si lo permite,
no son suficientes la vista, ni los microsco-
pios para percibirlas, por la admirable confusion que resulta. Todos los ramos arteriosos
forman ángulos mas ó ménos agudos con los
troncos de donde nacen. El sistema arterioso
debe figurarse como un árbol, cuyo tronco y
ramos son perfectamente cilíndricos. Si se advierte alguna disminucion de calibre, es en el
sitio en que producen nuevos ramos, y no en
otro alguno; porque si se mide un ramo de
arteria, que se halla en medio de dos ramos
que produce, tiene un mismo diámetro en
las dos extremidades. Si esta regla admite
algunas excepciones, deben ser muy limitadas. La elasticidad es una propiedad tan
constante en las arterias, que subsiste aun
despues de la muerte.

   Sobre la estructura particular de las arterias no estan de acuerdo los autores; por
es-

esta razon se advierte, que unos aumentan con exceso el número de sus túnicas, otros la disminuyen, y creemos que estos son los que se acercan mas á la verdad, por razones que despues referiremos. Puede suceder que todos tengan razon diciendo una misma cosa de diferentes modos. Atendiendo á las razones de unos y de otros, no es dificil conciliarlas como vamos á manifestar. Hay autor moderno de algun respeto que, como los antiguos, dá á las arterias quatro túnicas, que son la membranosa, la carnosa, la vascular y la nerviosa. La túnica membranosa de las arterias no las envuelve en toda su extension, solo se advierte en algunas partes de ella; de modo que esta túnica no es mas que accesoria de las otras en los parages donde se halla. La vascular cubre toda la extension de las arterias con alguna diferencia en su grueso. El crecido número de vasos que contiene ha dado origen á su nombre; pero es imposible describir el maravilloso texido que estos forman, aunque por dichos vasos estan unidas las demas túnicas, y entre sus intersticios se advierte una pequeña porcion de gordura, cuyo uso es mantener la flexibilidad. La tú-

túnica musculosa es la que sigue ; esta es
muy gruesa , aunque con variedad en diferentes sitios y arterias. Las fibras que la forman , quieren algunos que sean todas circulares ; estan unidas por un texido celular , y
pretenden que sean las que producen la mayor parte del movimiento que se advierte
en las arterias. La túnica nerviosa es la que
forma lo interior de las arterias : su superficie interna es muy lisa , y se advierten en
ella algunos agujeros que la perforan ; está
íntimamente adherida á las otras ; su texido
es tan fino y apretado , que no permite que
las delicadas moléculas , de que se componen
nuestros líquidos y fluidos , se introduzcan
en el texido celular de las demas ; circunstancia que la constituye verdadera túnica.
De consiguiente su uso es contener dentro
de sí la masa general de los humores ; pero
hablando con propiedad , las arterias no tienen mas que una verdadera túnica , que es
la que se acaba de explicar , y es la que
contiene la sangre ; porque su texido es muy
apretado y fuerte , y por esta razon capaz
de resistir al esfuerzo lateral de la sangre.
Esta túnica tiene dos ó tres lineas de grue-

so en las artérias mayores, y disminuye bastante en las que son de menor calibre; pero no con proporcion, porque las ramificaciones arteriosas, comparativamente hablando, tienen las paredes mas gruesas que los troncos, debiendo notarse que este grueso depende de la túnica interna. Quando las arterias estan vacias se ven algunos pliegus longitudinales y paralelos al exe, que desaparecen luego que se extienden ligeramente las paredes de la arteria, y se forman de la túnica interna; por consiguiente es mayor que las demas túnicas. Todo esto se comprueba por la razon de que son mas freqüentes los aneurismas en las grandes arterias que en las pequeñas, como lo demuestra la experiencia. La consistencia de las túnicas varía con respecto á las edades. Otras túnicas guarnecen á las arterias con relacion á los sitios por donde pasan; en el pecho el pericardio y la pleura les dan una que las acompaña hasta la salida de él. En el craneo y canal de la espina hace lo mismo la dura madre; en el abdomen lo executa el peritoneo. Por ultimo, todas estas membranas, en general y en particular, estan

uni-

unidas por medio del texido celular. Todas las partes que constituyen las arterias estan envueltas en un texido fibroso de bastante resistencia, debiendo notarse que ésta se aumenta en aquellas partes en que la sangre choca con mas impulso, y que estan expuestas á sufrir la comprension, que hace todo genero de cuerpos. Esta es una verdad que la demuestra la dificultad que se halla para disecarlas en los referidos lugares. La rotura ó dislaceracion de esta especie de túnica es seguida por lo comun del aneurisma. Si se atiende, como se debe á esta explicacion, de la estructura de las arterias, se conocerá quál es la verdadera, y la razon que tienen los autores para pensar con variedad. La diseccion, que es quien podia decidir, puede demostrar todas las que quiera el diestro Anatómico; pero la naturaleza es mas sencilla en sus producciones que lo es nuestro modo de reconocerla. Las arterias no tienen válvulas en ninguna parte del cuerpo: su cavidad se halla humedecida por un humor diferente de la sangre, cuyo uso es semejante al que tienen todos los que humedecen los canales por donde pasa alguna substan-

tancia sólida ó líquida. Es digno de notarse
el que si se forma un tronco de los ramos
que produce una arteria, resulta otro, tres
ó quatro veces mayor que ella. No puede
ménos de admirarse el que conozca las comunicaciones recíprocas que tienen las arterias con tantas partes, como enseña la experiencia (tales son las venas, los vasos ex-
cretorios y secretorios, el texido celular, las
grandes cavidades, las glándulas y los vasos
linfáticos), que no nos desangremos con mucha freqüencia y facilidad. Si los que se dedican á la vida contemplativa conociesen la
estructura física del cuerpo, hallarian nuevos
motivos para elogiar al Sér supremo. Acaso
á alguno le ocurrirá la dificultad de si las arterias se comunican en todas las partes con las
venas, á la que se puede responder, que en algunas, como son el bazo, riñones y pulmon,
se comunican inmediatamente: en otras, como en el pene y en los labios, hay una especie
de estravasacion celular entre los extremos
de unas y otras. Si alguna de estas es universal, está por demostrar. En las arterias
mayores el color es blanco, y en las capilares es sanguineo. Las arterias tienen dos mo-
vi-

vimientos; por el uno se disminuye su calibre, y por el otro se aumenta ó restablece, y se llaman contraccion y dilatacion: á la continua alternativa de estos movimientos se le ha dado el nombre de pulso. El pulso y todas las propiedades de las arterias son diferentes en cada individuo de ambos sexôs, y en las diferentes edades, á lo que debe agregarse la variedad que se observa en la situacion donde se toma el pulso: estas son otras tantas pruebas, que hacen ver á aquellos que le eligen por norte en la práctica, los conocimientos que necesitan, y lo equívocos que pueden ser sus pronósticos.

El origen de las arterias y de sus túnicas ha dado motivo á varios argumentos, que se pueden tener por pueriles, ó inútiles, respecto á que ninguna parte tiene origen de otra, porque todas son formadas con independencia primaria: pero para hacer comprehensible esta materia, y explicar ciertos hechos, es necesario valerse de este auxîlio, pues sin él seria dificil; por esta razon se dice que todas las arterias nacen del corazon por dos troncos, que son la arteria pulmonaria, y la arteria aorta, de quienes depenpenden todas las demas. El uso de las arterias es llevar el nutrimento á todas las partes, y la materia de que se hacen las secreciones, y la mayor parte de las excreciones, contribuyendo á la produccion y subsistencia del sentido y movimiento de las partes. Acaso se tendrá por importuna la doctrina contenida en este artículo; pero si se atiende á las razones que nos han obligado á ponerla, puede ser se mude de dictamen: primera, es indispensable al Sangrador tener conocimiento de la circulacion: segunda, uno de los principales agentes de ella son las arterias; y sin una nocion de éstas y de su estructura, no se puede conocer aquella: tercera, sabiendo la estructura, sitio y número de las arterias, es sumamente fácil aprender y conocer las mismas circunstancias en las venas; pues de otra manera es dificultoso é imposible: quarta, ademas de las razones dichas, es forzoso su conocimiento, por las causas que expondremos quando tratemos de los accidentes de la sangría, y del modo de remediarlos.

AR-

ARTÍCULO II.

De las arterias en particular.

Cada ventrículo del corazon produce una arteria, el anterior ó derecho da origen á la arteria pulmonaria; esta á corta distancia de su salida del corazon y pericardio toma una direccion obliqua del lado derecho al izquierdo; asciende y se divide en dos troncos, cuya direccion es relativa al sitio que tienen, y al de los pulmones, á quienes van á distribuirse, una al derecho, y otra al izquierdo. Antes de entrar se dividen en varios ramos, los que despues de su entrada se subdividen, distribuyéndose con admirable confusion en los pulmones, y terminan comunicándose con las venas en las cavidades de los bronquios de un modo mas perceptible que con las venas y con el texido celular del pulmon. Del conocimiento de cada una de estas tres clases de comunicaciones pueden deducirse conseqüencias utilísimas en la práctica, razon por qué las deben tener presentes los Profesores del arte de curar; y porque las con-fir-

firma la experiencia diariamente en diferentes
casos, en los que por ignorarlas se equivoca
el pronóstico. La comunicacion con las venas facilita la circulacion &c. La de las cavidades de los bronquios, es un emuntorio;
y de este modo se explica la causa por qué
varios sujetos arrojan sangre por la boca sin
que estén heridos sus pulmones, ni queden
malas resultas. La del texido celular tiene
bastante juego en las diferentes clases de pul-
monías y en las pletoras, como saben los
que conocen estas verdades. Poco ántes de
dividirse la pulmonaria en dos ramos, produce en los fetos un tronco arterioso, que
por su grueso parece la continuacion de ella;
éste se va á introducir en la aorta con alguna
variedad; pero comunmente es por debaxo
de la subclavia izquierda. Se conoce con el
nombre de canal arterial, y por lo regular despues que nace el feto se oblitera su cavidad,
de que resulta un ligamento. La experiencia
ha demostrado que no en todos los indivi-
duos se verifica esta mutacion; en los buzos
conserva su cavidad, y aun se aumenta,
causa por qué estos hombres pueden exîstir
largo tiempo debaxo del agua sin respirar,

B 2   ha-

haciéndose en ellos la circulacion con alguna semejanza á la de los fetos.

El ventrículo posterior ó izquierdo da principio á la arteria magna ó aorta : esta nace de la base de dicho ventrículo., asciende obliquamente hácia el lado derecho entre la vena caba y la arteria pulmonaria; á poca distancia muda de direccion para formar el arco, y tomar la paralela á la de la espina por el lado izquierdo. Para que se entienda con mas facilidad la situacion y distribucion de esta arteria se acostumbra hacer la division siguiente: se llama aorta ascendente ó primitiva la porcion de ésta, que está desde su origen hasta el fin del arco; y de éste á la division de las iliacas primitivas con que termina, se llama descendente. Esta se subdivide en porcion superior ó torácica, y en inferior ó ventral. Todos los troncos que nacen inmediatamente de la aorta se llaman primitivos, por esta razon y porque de ellos salen sucesivamente todos los demas. La mayor parte de dichos ramos son pares, pero varian en el grueso y lugar de su nacimiento. La aorta primitiva produce las arterias siguientes.

Á

Á corta distancia de su origen da las arterias coronarias en número de dos ó tres, cuya distribucion es en el corazon, partes conexâs y vecinas. Desde aquí á la parte superior de la convexîdad ó corvadura del arco no da ramos de consideracion; de la convexîdad de éste nacen tres ó quatro; de estas, la que sale del lado derecho se llama subclavia de este nombre; y la del izquierdo subclavia izquierda; en el medio nace otra que se llama carótida izquierda; la quarta, quando se encuentra, nace cerca de ésta, y suele ser la carótida derecha, y mas comunmente hace el oficio de cervical anterior; rara vez nacen estos quatro troncos en dos.

Las arterias carótidas primitivas son dos: la derecha náce de la subclavia de su lado, y la izquierda del arco de la aorta en el sitio determinado; ascienden á lo largo de las partes laterales y anteriores del cuello, y á los costados de la traque-arteria sin producir ningun ramo considerable, hasta que estan frente á la parte superior de la laringe; aquí se divide cada una en dos ramos: el primero se llama carótida externa, porque se distribuye en todas las partes externas de la cara,

y

y en las partes laterales y superiores del
cuello El segundo se llama carótida interna
ó celebral ; porque su principal distribucion
es en el celebro. La carótida externa, al
llegar frente al ángulo de la mandíbula inferior, ó algo mas interiormente, produce
sucesivamente las arterias siguientes. La primera es la thyroidea superior; ésta nace algunas veces de la division de las carótidas:
con qualquiera de estos dos origenes, desciende hácia la parte superior y externa de
la glándula thyroidea, en quien se distribuye. La segunda es la lingual que nace de la
carótida externa entre la thyroidea superior
y la labial, y se dirige hácia el hioides; de
aquí va por la parte superior del músculo
hiogloso, llega á la base de la lengua, y
se divide en dos ramos; el mas profundo
forma la arteria ranina, que nunca falta.
Su distribucion es en algunos de los músculos del hioides, de la mandíbula, en
las amigdalas y faringe; y termina pasando por la parte lateral é inferior de la lengua desde la base hácia su punta, en donde se hace exterior. El otro ramo que suele
faltar se distribuye en la lengua. La tercera
es

en la faríngea inferior, que nace frente á la lingual, asciende hácia la parte posterior de la faringe, dirigiéndose al conducto carótido. Da ramos á la faringe, al ptherygoideo interno, á todas las partes situadas en la cámara posterior de la boca y á los músculos anteriores del cuello, y termina en ramitos que se introducen en el craneo. La quarta es la labial; nace por debaxo de la lingual y se dirige hácia la parte interna y superior: ántes de llegar á la glándula maxilar produce la palatina inferior, que va á distribuirse al sitio donde toma su nombre, y da otros ramos para las partes vecinas. Despues el tronco pasa por encima de la rama de la mandíbula y de la extremidad inferior del masetero; se hace cutáneo, y dando ramos á todas las partes inmediatas llega á la comisura de los labios, en donde forma sus arterias coronarias, distribuyéndose en cada uno de los labios, uniéndose con las del lado opuesto y termina en la mexilla. La quinta es la occipital; nace frente á la lingual, y con direccion transversal va á pasar por entre la apófise mastoydea y la transversa de la primera vertebra; y perforando

los

los músculos llega á la parte superior del cuello é inferior del occipital : da ramos á los músculos del cuello y cabeza , al músculo occipital y partes vecinas ; algunos entran en el
craneo por distintos agujeros , y terminan dividiéndose en varios ramitos. La sexta es la auricular posterior, nace de la carótida quando
pasa por la glándula parótida ; se dirige transversalmente hácia la parte posterior de la oreja : va por encima del músculo digástrico y la
apófise estiloydes ; da ramos que entran por el
agujero auditivo y por el aqueducto de *Falo-*
pio, y á las partes inmediatas ; llega á la parte
posterior de la oreja, y termina distribuyéndose en ella, y sobre la porcion escamosa del hueso temporal. La séptima es la arteria maxîlar
interna, que por su tamaño parece la continuacion de la carótida; nace frente al medio de la
rama de la mandíbula, y variando de direccion
llega frente al puente cigomático, en donde la
toma obliqua, y se dirige hácia la parte posterior de la hendidura ex-feno maxîlar, donde termina en pequeños ramos : produce diferentes
arterias, de las quales algunas merecen nombre
y descripcion particular ; tales son la arteria
meningea ó medina de la dura madre : ésta,
des-

despues de dar ramificaciones, entra en el
craneo por el agujero espinoso del esfenoy-
des, y se distribuye en la dura madre; termina dividida en varios ramos, comunicándose con la del lado opuesto. El segundo ramo, que nace de la arteria maxîlar interna,
es la maxilar inferior: toma su origen á poca
distancia de la anterior, desciende por la
parte interior da algunos ramos, y se introduce en el conducto de la mandíbula inferior; sigue en él por debaxo de los alveolos
de los dientes molares, á quienes da ramos: cerca del diente canino se dividen en dos ramos,
uno es mas grueso, y continúa distribuyéndose en los demas dientes hasta el sínfisis, en donde termina: el otro sale por el agujero bar-
bado, se distribuye en las partes inmediatas,
y termina comunicándose con los ramos de
otras. Las terceras son las ptherigoideas, éstas van á distribuirse á los músculos de su
nombre en donde finalizan; pero varían en
el número. La quarta es la temporal profunda externa; ésta nace por debáxo del
puente cigomático, sube por encima del músculo temporal, va hácia el borde anterior de
la porcion escamosa del hueso temporal, se
di-

divide en diferentes ramos, con los que termina, distribuyéndose en el músculo referido y pericraneo. La quinta es la arteria
temporal profunda interna, que nace de la
maxîlar cerca de la entrada del seno de este
nombre; sube paralela á la antecedente; pasa
por debaxo del puente, y se distribuye en
las mismas partes que la anterior. Las sextas
son la bucal y la alveolar; á estas no se las
puede señalar origen, porque suelen nacer de otras. Se omite su descripcion por ser
muy pequeñas. La séptima es la infra-orbi-
taria, que nace frente á la extremidad posterior del canal de su nombre; entra por este
conducto, sale á la parte anterior, se divide
en varios ramos, y concluye distribuyéndose
en los músculos y partes vecinas. La octava es
la palatina superior; nace inmediata á la antecedente, desciende ó baxa dividida en varios ramos por los canales ptherigo-palatinos,
y va á distribuirse en el velo del paladar
y partes inmediatas, en donde termina. La
novena es la faringea superior; ésta y las
dos antecedentes dan fin á la maxîlar interna;
su origen es inmediato al de las dos últimas,
baxa hácia el seno maxîlar y la faringe, y se

divide en diferentes ramos que se distribuyen en estas partes. Uno de ellos va al aqueducto de *Falopio*, y otros á las trompas de *Eustaquio*, donde termina. Otras dos arterias peque-ñas, llamadas ex-feno palatinas suelen nacer de esta arteria ; pero son de poca considera-cion. La arteria maxilar interna y la tempo-ral terminan la carótida externa. La tempo-ral forma el número octavo ; ésta sube des-pues de su origen haciéndose externa, da ramos á la parótida, al masetero, y un ra-mo mas largo, que llaman arteria transversal de la cara, debaxo del puente cigomático da la temporal mediana, llamada así por-que ocupa el lugar medio entre las de su nombre. Por encima del puente la temporal da origen á las auriculares anteriores, cuyo número varía. Á corta distancia se divide en dos, que son las temporales superficiales, una anterior y otra posterior : la primera es mas gruesa, y siempre exîste ; se dirige á la cara, y se divide en varios ramos que se distribuyen en las partes inmediatas; lle-gan hasta la punta de la nariz, y termina contrayendo alguna comunicacion. La poste-rior parece ser el tronco de la temporal; se di-
ri-

rige ó inclina hácia la parte posterior, da rámos en diferentes direcciones, y tiene su fin en la parte superior de la cabeza.

·· La carótida interna ó celebral, se llama así porque se distribuye la mayor parte de ella en el celebro: su origen es el que se ha referido; asciende ó sube haciendo diferentes rodeos, y va á entrar en el craneo por el canal de su nombre que pertenece al hueso temporal. En toda esta distancia, pocas veces da ramos: entra en el dicho canal, á cuya direccion se acomoda; llega dentro del craneo, va por el seno cavernoso, en donde la baña la sangre que contiene este seno; desde aquí sube variando con freqüencia de direccion, agujera la dura madre, y se sitúa encima de la silla turca; en este sitio produce la arteria comunicante, que se une con la compañera: despues muda de direccion, y se encamina hácia la parte superior; se divide en dos ó tres ramos, que se distribuyen en diferentes partes del celebro, como son el cuerpo calloso, los glóbulos del celebro divididos en anteriores y posteriores, los que se subdividen en otros infinitos para distribuirse en la substancia del celebro. Algunos salen á lo

ex-

exterior, y se comunican los de un lado con
los del opuesto. Luego que entran en el
craneo da dos ó tres pequeños ramos, que
tienen diferentes direcciones. Despues de
agujerear la dura madre produce un ramo
bastante grueso, que se llama arteria op-
tálmica; ésta nace de la convexîdad de la carótida en el sitio referido; se dirige de
atras adelante, al lado externo del nervio
óptico, debaxo del tercero y quarto par
de nervios, y del origen comun de los músculos del ojo. Á veces suele cruzar al nervio
óptico pasando por encima, entra en la or-
bita, y ántes suele producir la arteria la-
crimal: despues se divide en diferentes ramos para el globo y partes conexâs, y las
que le constituyen. Algunas tienen nombres
particulares, tales son, las etmoydales, una
anterior y otra posterior; las ciliares, divididas en tres clases, que son largas, cortas,
anteriores, cuyo número varía; la central de
la retina, una ó mas; la orbitaria superior,
las dos musculares, superior é inferior; las
palpebrales, divididas en la misma forma;
la nasal, y las dos frontales, una profunda,
y otra cutánea ó superficial con las que ter-
mi-

mina. Estan numeradas todas estas arterias por
el orden con que nacen comunmente, aunque varíen en el sitio. Su distribucion es en
las partes de que toman el nombre. Es de
bastante utilidad en la práctica el conocimiento del origen ó nacimiento de estas
arterias.

Las arterias subclavias son dos, estan si-
situadas detras de las claviculas de que toman el nombre; su origen es del arco de
la aorta, cada una de su lado : son de desigual longitud, pues la derecha es mas
corta que la izquierda, y aquella mas gruesa, aun despues de haber dado la carótida de aquel lado : su direccion es como
transversal, apartándose una de otra, y dirigiéndose hácia su respectiva extremidad;
pierden este nombre encima del borde superior de la primera costilla al pasar por
entre las extremidades inferiores de las dos
porciones anteriores del músculo escaleno de
aquel lado, y toman el de axílares, que conservan hasta el sitio de que se hablará. Las
subclavias producen cada una seis ramos principales, que son la mamaria interna, la vertebral, la thyroidea inferior y las cervicales,

una

una profunda, y otra superficial, y la intercostal superior. Produce ademas la subclavia derecha, y ántes que las otras la carótida de su lado. La mamaria interna nace cerca del borde del escaleno; desde su orígen desciende unida á la pleura por la parte lateral del externon, colocándose en la cara posterior de los cartílagos de las costillas entre los músculos intercostales internos, y los externo-costales; va obliquamente de dentro afuera, hasta llegar entre los cartílagos de la séptima y octava costilla; por entre las quales sale fuera del pecho; da ramos á todas las partes que encuentra, y á otras, de quienes toman el nombre; tales son la thimíca y la compañera del nervio diafragmático ó diafragmática superior; algunas mediastinas é igual número de ramos al de las costillas, y otros mas gruesos, que salen á distribuirse en la parte anterior del pecho, especialmente en las mamas, pechos ó tetas; corresponden dos á cada intervalo ó hueco de dos costillas. Por último, el tronco al salir por el paraje insinuado se divide en dos ó tres ramos, uno va á buscar la cara interna del músculo recto del abdomen; llega cerca del ombligo, y dividi-

do

do en varios ramos se une con la arteria epigástrica, y los restantes se distribuyen en los
músculos del abdomen.

La vertebral nace de la subclavia, asciende hácia la apófise transversa de la sexta vertebra del cuello, y se introduce en el canal
que forman las restantes de esta clase; llega
á la primera vertebra acomodada en él,
formando diferentes rodeos ó corvaduras;
por último entra en el craneo por el agujero
del occipital. En toda esta distancia da ramos á las partes vecinas: estando dentro del
craneo se dirige por el lado externo de la
cara superior de la apófise basilar del occipital: cerca de la parte anterior del puente de
Barolio se divide en tres ó quatro ramos,
que son la arteria superior del cerebelo, la
posterior ó profunda del celebro, y las restantes van al celebro y cerebelo. Desde su
entrada en el craneo produce las artérias
que siguen: la inferior del cerebelo; de esta
nace la espinal posterior, que va por esta
cara de la medúla, despues da la espinal anterior, que sigue por la cara de este nombre de la medúla. Tambien da otros
diferentes ramos que se distribuyen con varias

rias direcciones. En la cara superior de la apófise basilar, las dos vertebrales se suelen unir y forman un tronco que se llama basilar.

La thyroidea inferior en los niños suele ser mas gruesa que la subclavia, nace cerca de la mamaria interna, á corta distancia se divide en varios ramos, que por su direccion se les da el nombre de transversales de la escápula y del cuello. Otros van á los músculos de la cabeza, cuello y escápula: el tronco se dirige hácia la glándula thyroidea, en quien termina dando ramos á la traquea, laringe, esófago y partes inmediatas.

La arteria cervical profunda nace de la subclavia inmediata á la thyroidea; asciende y va hácia las apófises transversas de la quinta, sexta y séptima vertebras del cuello: en su extension da varios ramos, y termina distribuyéndose en los músculos de la escápula, cuello y cabeza.

La intercostal superior ó entre-costillar nace siempre de la subclavia, en medio de algunas de las referidas, aunque á la parte opuesta; desciende hácia el hueco de las dos primeras costillas, en cuyo sitio da un ramo dorsal, como lo hacen todas las de su nombre y la primera intercostal, y rara vez la segunda y tercera: á cierta distancia va á situarse en la gotera que se halla en el borde inferior de las tres primeras costillas quando produce las referidas; y dividida en varios ramos, se distribuye en los músculos intercostales, en la pleura y partes inmediatas: el ramo dorsal se distribuye en los músculos de esta parte, y en el canal de la espina. La mayor parte de las arterias, que tienen origen de la subclavia, suelen nacer por uno ó dos troncos; otras veces unas de otras; de qualquier modo que sea, la distribucion es la misma.

De la arteria axilar.

Esta arteria es la continuacion de la subclavia; se le da este nombre despues que sale del pecho, en cuyo sitio la cubre la clavícula; su direccion es muy obliqua, desciende por delante de la primera y segunda costilla, tomando la situacion que le es propia para llegar á la axila; aquí se
co-

coloca entre el músculo sub-escapular, y el
granserrato; está cubierta por los tegumentos, glándulas y mucha gordura; en este
sitio la rodean los tres últimos pares de nervios cervicales: las venas estan entrela-
zadas con los nervios y ella de tal suerte; que es dificil separarlos conserva el
nombre de axilar, hasta el sitio en que
se une al húmero, y músculo gran-pec-
toral.

En todas las arterias de las extremidades superiores se notan varias irregularidades; de aquí proviene la variedad en el número y situacion; salen muchas veces de la
axilar todas las que se distribuyen en dichas
extremidades; esta observacion es digna de
que la sepan los Prácticos. De qualquier
modo que sea nunca faltan arterias que distri-
buyan la sangre en las respectivas partes. No
obstante esta variedad, haremos una sucinta
descripcion de ellas con arreglo á lo mas
comun y regular.

El número de arterias que produce la
axilar es indeterminado; algunas veces nace
cada una separada, y otras por uno, ó dos
troncos comunes, que distan poco el uno del

otro. El órden que sigue es el mas pro-,
pio. Inmediatamente que entra en la axîla
da origen á las quatro torácicas externas, divididas de este modo. La torácica superior,
suele ser la primera, y nace cerca de la segunda costilla ; á corto trecho se divide en
varios ramos, que van á los músculos pectorales, á los intercostales externos, al gran
serrato y otros que se comunican con sus
compañeras, y con las intercostales.

. La torácica larga ó mamaria externa se
divide en diferentes ramos, de los que unos
van á las mismas partes que la anterior, y
glándulas de la axîla; los mas gruesos siguen distribuyendose en las glándulas mamarias y partes inmediatas : la torácica humeral se halla siempre, y se dirige por
entre el músculo del thoídes, y el gran
pectoral ; da ramos á estos dos y al gran serrato ; atraviesa la clavícula, y va al ex-
terno-cleydo-mastoydeo, y partes inmediatas : el tronco, desciende ó baxa entre
el gran pectoral y el del thoídes, en quienes
termina dando ramos á la articulacion del
húmero, á la de la clavícula, partes próxîmas y tegumentos: la torácica axîlar es la
úl-

última ; su distribucion se hace en las glándulas de este nombre , en el texido celular y músculos vecinos. A cierta distancia , la arteria axîlar produce dos infra-escapulares y dos circunflexas.

La infra-escapular superior se dirige á lo largo del borde superior del homoplato , y termina dividida en varios ramos, que van al músculo angular de la escápula, á los pectorales grandorsal y serrato , y principalmente al músculo subescapular.

La infra-escapular inferior suele nacer de la anterior ; á poca distancia se divide en ramos que se distribuyen en los músculos subescapular , grandorsal , y en las glándulas de la axîla. La circunflexa posterior, está situada entre la cabeza del húmero, el grande y pequeño redondos , en una cavidad que resulta de estos músculos , y de la parte superior del triceps braquial. Aquí forma una corvadura entre los músculos y el hueso por debaxo del del thoides , y los ramos que produce van á la cápsula articular , al húmero y su periostio , á los músculos infra y supra espinosos , y termina en el del thoides y tegumentos. La circun-

fle-

flexa anterior se encamina por debaxo del músculo coraco - brachial , triceps , y del thoides ; en este sitio da un ramo que va á distribuirse en el sub-escapular y largo dorsál , y otros para la cápsula , húmero , la sinuosidad bicipital y termina en el del thoides. La arteria humeral es la continuacion de la axîlar , toma este nombre despues que produce las circunflexas , y le conserva hasta dividirse en la radial y cubital : está situada , y desciende á lo largo del braquial interno por detras del borde interno del biceps ; muda de direccion , y produce algunos ramos para los músculos inmediatos ; uno de ellos va á unirse con la circunflexa posterior : continúa la braquial , inclinándose hácia la parte media de la doblez del brazo , en esta parte de externa se hace profunda ; de modo , que se sitúa entre el tendon del biceps , y el del braquial interno. Frente á la insercion ó union del primero , que es en la tuberosidad del radio pierde el nombre de humeral ó braquial , y se divide en dos ó tres troncos , que son la radial , la cubital y el comun de las interoseas ó entrehuesosas.

La

La braquial en toda su longitud produce
varios ramos musculares, y otros que no
son constantes. Entre los que naçen de su
parte interna hay dos que merecen nombre y descripcion particular, y que deben
ser conocidos de todos los Profesores por
las comunicaciones que forman. Estas son
las dos, profundas, una superior y otra
inferior.

La profunda superior no nace siempre
de la humeral, porque suele venir de la
infra-escapular inferior, ó de la circunflexa
posterior; se coloca inmediatamente entre la
larga porcion y la interna del triceps braquial; desciende á lo largo de la cara posterior del húmero, y llega hasta el sitio por
donde pasa el nervio radial. Á poca distancia se divide en dos ramos, uno radial
y otro cubital; da otros diferentes para
los músculos, y algunos se unen con la circunflexa posterior.

El ramo radial es el mayor; desciende por detras del ángulo externo del húmero, y se dirige hácia el cóndilo externo
de este hueso; desde aquí principia á en-
corvarse, y va transversalmente hácia el
cón-

cóndilo interno para formar en la parte posterior é inferior una comunicacion manifiesta con las recurrentes radiales y cubitales. Estas comunicaciones se hacen en las partes laterales y posteriores de los cóndilos del húmero. En toda su extension da pequeños ramos á las partes inmediatas. El ramo cubital á poca distancia de su origen se dirige hácia la parte posterior entre el triceps y el húmero; llega detras del cóndilo interno, y se une al ramo radial, de que resulta un arco, y despues va á unirse con la recurrente cubital posterior.

La profunda inferior nace de la braquial en su parte inferior; á poca distancia se divide en varios ramos que tienen diférentes direcciones; unos van á la parte posterior del húmero y triceps, y otros al redondo pronador, radial interno, y demas músculos que nacen del cóndilo interno: algunos de éstos se comunican entre el redondo pronador y el braquial interno con la arteria recurrente cubital anterior.

La arteria braquial ó humeral experimenta bastantes variedades; algunos la han
vis-

visto doble : otras veces no existe , porque la radial y cubital vienen de la axilar. Una vez la he visto en esta forma : en algunas ocasiones se ramifica en su parte superior y otras en la parte media. Hace nueve años que la adverti en esta situacion al tiempo de sangrar : en el dia conozco una persona , en quien se halla esta division ; en qualquiera de estas variedades todas mudan de sitio y direccion. Esta observacion la debe tener siempre presente el Cirujano Sangrador , porque suelen estár debaxo de la piel, como sucede en el sugeto que acabo de citar.

La arteria radial experimenta desde su origen las variedades referidas; pero comunmente es frente á la tuberosidad del radio; pasa por detras del redondo pronador para situarse cerca del radio , cuya longitud sigue hasta la muñeca , situada entre el largo flexor del pulgar y el largo supinador : cerca de la articulacion del radio con el carpo se divide en dos , que son la radial palmar, y la radial dorsal , de que se hará mencion: desde su nacimiento á este sitio , produce sucesivamente los ramos que siguen: I. varios

rios musculares : II. la recurrente radial,
anterior , digna de ser conocida por las anas-
tómoses ó comunicaciones que forma con
las profundas que son ramitos de la humeral:
la recurrente radial anterior produce cerca
de su origen algunos ramos , y sube entre
el braquial interno y el primer radial externo, á quienes da ramos ; despues se divide
en dos que se dirigen por delante del cóndilo
externo ; subdivididos estos van á comunicarse con la profunda superior y con la
recurrente radial posterior, que sale de la
interosea externa : III. da varios ramos
musculares de desigual grueso y longitud, se
hace cutanea, y sigue en esta situacion hasta
la articulacion de la muñeca ; en esta parte
se toma el pulso en ella. Poco despues produce un ramo que va transversalmente por
la cara interna del radio , y forma un
arco con otro que viene de la dorsal cubital. De este arco , salen ramos para los ligamentos, articulacion y partes connexâs. La
radial palmar despues de su orígen pasa
por delante del ligamento anular interno, y atravesando una porcion del corto abductor del pulgar , se dirige bastante

te profunda hácia la palma de la mano, é
inclinandose hácia fuera pasa por debaxo de
los tendones del largo abductor, y de los dos
extensores del pulgar; despues se introduce entre las extremidades superiores de los
dos primeros huesos del metacarpo; á poca
distancia se divide en tres ramos: uno va
al entrehuesoso externo, extendiendose hasta la articulacion del índice; otro va al
abductor del pulgar, y sigue por lo largo de la cara interna del primer hueso del
metacarpo; despues se divide en varios que
se distribuyen en el pulgar. El tercero es
mas grueso, y va por encima de las extremidades superiores de los quatros últimos
huesos del metacarpo; forma un arco llamado palmar profundo, cuya convexîdad
está hácia los dedos, y la concavidad hácia
la muñeca. Los ramos que salen de ésta van
á los músculos y á la articulacion del carpo. Los de la convexîdad son mas gruesos, y siguen la direccion de los huesos del
metacarpo; la de los músculos inmediatos
y de los tendones del sublime y profundo,
á quienes algunos dan ramos, llegan á las
extremidades inferiores de los huesos del
me-

metacarpo, y se comunican con las arterias, que los dedos reciben de la palmar cubital. Por último, los hay que van por los huecos de los quatro últimos huesos del metacarpo, dos para cada uno; estos perforan de la parte interna á la externa los músculos interhuesosos; los superiores se unen con la dorsal del carpo, y á estos se le da el nombre de arterias perforantes. No hay parte en el antebrazo y mano que no reciba ramos de esta arteria. La he visto nacer sola de la parte media de la braquial, que venía debaxo de los tegumentos hasta el carpo; asimismo la he hallado algo mas inferior, y que pasaba por encima de todos los músculos, y debaxo de la aponebroso comun del antebrazo. En estos casos que son bastante freqüentes se altera la distribucion, lo que deben saber los Sangradores.

La arteria cubital suele ser mas gruesa que la radial, y se dirige de adelante á atras, acercándose al ligamento interoseo ó entrehuesoso ó por encima del braquial interno, y debaxo del redondo pronador; dexa estos, y se sitúa entre el sublime y el profunfundo á lo largo del borde interno del cubital de este nombre ; desciende en esta direccion hasta la parte inferior del antebrazo, en donde sale debaxo de los tendones del sublime , haciéndose externa. En toda esta longitud produce varios ramos musculares , y otros que han merecido nombre y descripcion particular ; tales son las recurrentes , una anterior y otra posterior , y el tronco comun de las interoseas.

La recurrente cubital anterior nace de la parte superior del tronco de la cubital; se dirige interiormente entre el braquial interno y el tendon comun de los músculos que se unen al cóndilo interno del húmero ; llega á la parte anterior de dicho cóndilo , y se comunica con la profunda inferior de la humeral , y termina en el periostio , músculos y tegumento. La recurrente cubital posterior nace algo mas abaxo que la antecedente , y se dirige por entre el tendon comun de que se ha hablado , y el del profundo; pasa por medio de las cabezas del cubital interno , dirigiéndose por la parte posterior del cóndilo interno , entre éste y el olecranon ; acompaña el nervio cubital , y

ter-

termina comunicándose con el ramo cubital de la profunda superior. En toda su extension da diferentes ramos á los músculos y partes vecinas.

El tronco comun de las arterias interoseas nace de la cubital algo mas inferior que la última ; á poca distancia se divide en dos ramos , uno superior que pasa por el espacio que dexa el ligamento interoseo en la parte superior , y vá á la cara externa del antebrazo. El otro es inferior, y desciende por la cara anterior de dicho ligamento. El primero se llama interosea externa , y el segundo interosea interna. La arteria interosea externa cerca de su origen produce un ramo , que agujera el ligamento referido, y sube por detras del cóndilo externo, entre los músculos anconeos y el cubital externo; éste se junta con el ramo radial de la profunda superior , y con la recurrente radial anterior. Lo restante de esta arteria se distribuye en los músculos , y termina cerca de la extremidad inferior del antebrazo. El ramo que contrae las comunicaciones referidas se llama recurrente radial arterior.

La

La interosea interna desciende con la
direccion y sitio referidos entre el flexôr
propio del pulgar y el profundo; llega al
borde superior del quadrado pronador , pasa
por debaxo de él , va á la muñeca y termina con un ramo , que pasa por encima
de esta articulacion con el tendon del extensor propio del dedo pequeño : sigue y
va á comunicarse con el arco dorsal de la
mano formado por la arteria de este nombre : en todo su camino da varios ramos
musculares y los nutritivos del cúbito y
radio : cerca del quadrado pronador produce tres ó quatro ramos , que perforan el
ligamento interoseo , y van á distribuirse en
los músculos que estan en la cara externa
del antebrazo : á éstas se les ha dado el
nombre de arterias *perforantes* : en lo restante de su extension produce ramos de
diferente grueso y longitud , que se comunican entre sí , y con otros de las inmediatas : despues , el tronco de la cubital va
entre los tegumentos y el ligamento anular interno por la parte inferior del hueso
pisiforme : alguna vez está contenida en
una cápsula , llega á la palma de la mano

pa-

pasando por delante de la aponebrose de este nombre : toma el nombre de palmar, llega á las extremidades superiores de los huesos del metacarpo , muda de direccion y pasa del borde cubital al radial ; se acerca al hueso que sostiene al pulgar y forma un arco , cuya convexîdad está hácia los dedos , y la concavidad hácia el antebrazo : se llama el arco palmar cutaneo ó cubital, para distinguirlo del profundo ó radial ; los dos se comunican por uno ó mas ramos. El arco palmar cutaneo da varios ramos á la aponebrose y partes inmediatas : de su convexidad salen cinco que descienden hasta la base ó raíz de los dedos ; el primero va al pequeño por su borde cubital , llega á su extremidad endonde se comunica con otro que se le parece , que va por el borde radial de dicho dedo : el segundo está situado entre el quarto y quinto hueso del metacarpo ; llega á la base de los dos últimos dedos y se divide en dos, uno para el borde radial del dedo pequeño , y el otro para el borde cubital del anular. A estas pequeñas arterias se ha dado el nombre de *digitales* , ó

de

de dedos. Los otros tres ramos se si-
túan relativamente, y forman la division de
la misma suerte; solo que el quinto suele
nacer de la radial. La distribucion de la
arteria cubital es tan comun como la de la
radial; pues entre las dos distribuyen la
sangre á todas las partes del antebrazo, mano y dedos.

Habiendo concluido la descripcion de
los ramos que produce la aorta ascendente, se sigue hacer la de los que salen de la
aorta descendente superior ó thorácica. La
aorta thorácica es continuacion de la primitiva; conserva este nombre ínterin exîste en la cavidad del pecho; en esta extension produce los ramos que voy á exponer.

Las arterias bronquiales varían en el número y origen; suele haber dos en el lado
derecho, y una en el izquierdo, ó al contrario, y salen á veces por un tronco comun; de suerte, que las arterias de las
cavidades vital y natural, experimentan
tantas variedades como las de las extremidades; y por no ser prolixô las expondré
del modo mas comun y sencillo.

La bronquial comun nace con la intercostal superior aortica del lado derecho de ésta, va por entre el bronquio y la arteria pulmonaria de su lado á distribuirse al pulmon derecho; en su camino da un ramo al izquierdo: la bronquial izquierda nace de la aorta cerca de la anterior, camina con direccion transversal hácia el pulmon, en quien se introduce con los bronquios, y termina comunicándose con alguna de sus compañeras.

Las esofágicas comunmente son tres ó quatro; nacen por debaxo de las bronquiales én la parte interior de la aorta, se distribuyen en el esófago y mediastino: algunas arterias mediastinas, llamadas posteriores, se suelen hallar tomando el nombre de aquella parte donde se distribuyen.

Las arterias intercostales inferiores aorticas, quando los dos intervalos superiores estan ocupados por las que da la intercostal superior se disminuyen en número. Alguna vez nacen todas por dos troncos, pero lo regular es que salgan de las partes laterales y posteriores de la aorta, y se dirigen hácia las cabezas de las costillas; en este sitio se dividen cada una en dos ramos; el primero se llama dorsal, el segundo á cierta distancia se sitúa en la gotiera que hay en el borde inferior de cada costilla ; continúa por ella hasta la parte anterior, en donde terminan divididos en varios ramos, comunicándose las superiores con las mamarias, y las inferiores con las epigástricas. El ramo dorsal sigue la misma direccion y distribucion que se ha dicho en la intercostal superior. Habiendo producido la aorta estas arterias, pasa al abdomen ó vientre por la mayor separacion del pequeño músculo del diafragma, aquí toma el nombre de descendente inferior; á poco de su entrada produce las primeras arterias que nacen de ella en el vientre, y son las diafragmáticas. El sitio de su orígen varía; el número es de dos ó tres ; estan una de cada lado quando son dos, y se distribuyen en el diafragma, y en algunas partes conexâs y vecinas.

Despues de las diafragmáticas sigue el tronco celiaco ; éste comunmente se divide en tres arterias, que son la coronaria estomática, la hepática y la esplénica. La coronaria estomática ó del estómago suele nacer de la aorta, toma una direccion relativa

al

al sitio á donde va á distribuirse; llega hasta la parte superior del estómago, y circunda ó rodea su boca llamada cardiaca á manera de corona. Á poca distancia de su origen produce un ramo, que va al higado con el nombre de gastro-hepática-izquierda. La hepática ó del higado se dirige transversalmente hácia la grande abertura del higado por donde entra, y termina á corta distancia dividida en muchos ramos, que se extienden por toda su substancia. Produce la pancreática duodenal; esta la-gastro-epiployca derecha, y de la última nacen las simples epiploycas : la hepática ántes de entrar produce la cística, que dividida en dos ramos se distribuye en la bexiga de la hiel.

La arteria esplénica ó del bazo desde su origen toma una direccion transversal; y haciendo varios rodeos llega al bazo, en quien entra dividida en seis ú ocho ramos, que toman diferentes direcciones. En su camino produce las pancreáticas superiores, grandes y pequeñas; la-gastro-epiployca izquierda, y un número indeterminado de ramos que van al estómago con el nombre de vasos breves.

Si-

Sigue despues del tronco celiaco la mesentérica superior ; esta nace de la aorta por debaxo de aquel ; desde luego está contenida en la doblez del meso-colon ; continúa descendiendo , y forma un arco, cuya concavidad está hácia el lado derecho , y la convexidad al izquierdo : por último termina dividida en doce ó catorce , ó mas ramos de desigual grueso y longitud : estos se dividen y subdividen en otros , y forman uniéndose una red de tres ó quatro órdenes de mallas ; de la última salen infinidad de ramos , que con maravillosa simetría se distribuyen en los intestinos. Poco despues de su origen da las cólicas medianas , y luego la cólica derecha.

Las capsulares nacen por debaxo de la anterior ; comunmente son dos, una derecha y otra izquierda : van á distribuirse á las cápsulas atrabiliarias y partes inmediatas : las arterias renales ó emulgentes , ó de los riñones nacen por debaxo de las últimas ; su número regular es de dos en cada lado, pero es freqüente hallar tres ó quatro ; regularmente van á entrar en el riñon por su hendidura ; despues se dividen en varios ra-

mos

mos por toda su extension ; y llegan hasta
su superficie : la renal izquierda tiene su
origen mas superior , y es mas corta que
la otra : las arterias espermáticas por lo regular son dos , y suelen tener su origen por
debaxo de las renales ; descienden ó baxan
mudando con freqüencia de direccion, salen
del vientre por el anillo del obliquo externo, llegan hasta los testículos ó compa-
ñones, en quienes terminan de un modo dificil de explicar : en toda su extension dan
ramos de diferentes magnitudes.

La arteria mesentérica inferior nace siempre de la parte interior , y algo inclinada á
la izquierda de la aorta; desciende torciéndose hácia el lado derecho , continúa hasta
la pelvis, y por detras del intestino recto, á
quien abrazan sus ramos hasta la extremidad
inferior. La distribucion y modo de hacerse
es semejante al de la mesentérica superior;
la mayor parte es en los intestinos gruesos.
Á poca distancia de su nacimiento da la
cólica izquierda ; ésta se divide en dos ramos , el superior va á formar una grande union y arco con la cólica mediana,
y produce diferentes ramos con que termina,

na. `La aorta produce cerca de la última unos ramitos que llaman arterias *uréticas.*

Las arterias lumbares ó de los lomos tienen mucha similitud con las intercostales; nacen con las mismas variedades en el número y sitio; éste comunmente es de las partes laterales y posteriores de la aorta, regularmente son cinco pares; se dividen en diferentes ramos; algunos se llaman dorsales; su distribucion es parecida á la de las intercortales: la primera de estas arterias de cada lado va por la parte inferior de la última costilla, imitando en la distribucion á sus compañeras. La arteria sacra anterior nace de la aorta por encima de las iliacas; se dirige ó va por la cara anterior del hueso sacro, extendiéndose hasta la del cocix, distribuyéndose en ellos y en las partes vecinas, y termina comunicándose con las laterales.

En los fetos termina la aorta con dos arterias llamadas umbilicales ó del ombligo, y en los adultos con las iliacas primitivas; éstas resultan de la última division de la aorta: esta se hace entre la quarta y quinta vertebra de los lomos; descienden apar-

tándose una de otra, hasta llegar á la union
del sacro con los ileos, en donde cada una
se divide en dos; la primera es la iliaca interna ó hipogástrica, esta se introduce en
la pequeña pelvis, en donde produce diferentes arterias: la segunda es la iliaca externa ó crural, que se dirige á lo largo de la
cara anterior y borde interno del tendon
del músculo obpsoas, hasta el ligamentó
inguinal por debaxo del qual sale del abdomen.

El número de arterias que produce la
hipogástrica no se puede determinar á causa de que suelen nacer por troncos comunes, y rara vez separadas.

La arteria ileo-lumbar acostumbra ser
la primera; se dirige hácia fuera, cubierta
por el obpsoas; despues se divide en dos
ramos, uno llega hasta el canal de la espina,
y el otro á la cresta del ileon; se distribuyen en los huesos y partes vecinas: la arteria iliaca posterior es bastante gruesa; sigue una direccion que le proporciona salir
de la pelvis por debaxo del músculo pira-
midal; sigue por la cara externa del ileon;
llega al pequeño gluteo; despues se divide

y

y distribuye en éste, y en el mediano, y termina extendiéndose hasta la articulacion del femur.

La obturatriz suele venir de la iliaca externa ó de la epigástrica; se dirige ó va de atras adelante, hácia el agujero ovalado por donde sale dividiéndose en ramos, que la mayor parte de ellos se distribuyen en los músculos del muslo y en el escroto; ántes de salir da ramos á la vexiga, y á los músculos obturadores.

La arteria isquiática parece la continuacion de la hipográstica; á corta distancia de su origen se divide en dos ó tres ramos, que son la pudenda interna y la hemorroydal mediana; sale de la pelvis por encima del ligamento sacro isquiático; despues se dirige dividida en varios ramos hácia el grande y mediano glúteos, en quienes termina: fuera de la pelvis produce la *arteria cocígea.*

La arteria pudenda interna, despues de dar ramos á las partes contenidas en la pelvis, sale de ella por debaxo del ligamento sacro isquiático; en este sitio se divide en dos ramos, uno superficial, que llaman arte-

teria del perineo , en quien se distribuye
y llega hasta el esfinter del ano : el otro es
profundo y mas grueso ; á este le dan el
nombre de arteria del *pene* ; ésta va cam-
biando de direccion y sitio á buscar el sínfisis del pubis ; en su parte inferior en
el sitio en que los cuerpos cavernosos se
unen , se dirige por el cuerpo cavernoso de
su lado , extendiéndose hasta el balano ; da
ramos á todas las partes que componen el
pene exteriormente , comunicándose con la
arteria profunda. En el principio del miembro viril se divide en dos ramos , uno superficial , que es el que se acaba de exponer,
otro profundo llamado arteria *profunda ó*
cavernosa ; ésta se introduce en el cuerpo
de este nombre, y á cierta distancia se divide
en dos ó tres ramos , que se extienden por
él hasta el balano , donde terminan : estos
son los que depositan la sangre en la cavidad del referido cuerpo ; en la muger el
primero se llama arteria del perineo , y el
segundo la del *clitoris.*

La arteria hemorroydal mediana desciende entre la vexiga y el intestino recto; sus ramos abrazan á este último en su parte inferior,

se distribuyen en él, en la vexiga y partes vecinas; y en la muger va á la vagina, &c.

La arteria uterina nace por un tronco comun con la hemorroydal mediana; desciende entre el útero y la vexiga hasta la uretra para dirigirse al cuello del útero, y en donde se divide en muchos ramos, los que tienen una direccion serpentina, extendiéndose algunos hasta el fondo del útero; termina en esta víscera, dando algunos ramitos á las partes vecinas.

Las arterias de la vexiga vienen de la extremidad de la hipogástrica; el número varía; su distribucion es en la vexiga, en la uretra, en la postrata, vexículas seminales y en el intestino recto. La arteria de la vagina nace de la pudenda interna; se dirige hácia la parte inferior de la vagina, en donde se distribuye dividida en varios ramos, y termina comunicándose con las pudendas externas: las arterias umbilicales son dos, en el feto terminan la aorta, y dan toda la distribucion que hemos atribuido á la hipogástrica; descienden cada una de su lado hasta las partes laterales é inferiores de la vexiga; desde aquí ascienden

den hasta llegar al ombligo , y acercándose
una á otra salen por esta abertura ; y despues de ligadas se obliteran ó cierran comunmente sus cavidades hasta la parte media de su extension : en su camino dan ramos á la vexiga , al canal deferente , al intestino recto , y en la muger á la matríz y
vagina.

La arteria crural desde su origen hasta
el borde inferior del ligamento de Falopio
no produce mas ramos que la arteria epigástrica y la ilíaca anterior ; está situada debaxo y al borde externo de la vena de su
nombre , circundada por un texido fibroso
muy fuerte , en el que se enredan los ramos
que forman el nervio crural , sin que esto
se oponga á que esté separada de ellos y de
la vena por una division aponebrótico.

La arteria epigrástica nace con alguna
diferencia freinte al anillo del obliquo externo ; está situada entre el cordon de los
vasos espermáticos y la vena de su nombre;
desciende hasta cierta distancia, desde donde
sube con direccion obliqua de fuera adentro, entre la aponebrose del transverso y del
peritoneo, inclinándose hácia la cara interna
del

del músculo recto, con alguna variedad en
el sitio, pues algunas veces se introduce en
el músculo , otras sigue superficialmente
por su cara interna, y se divide en dos ó
mas ramos , los que con direcciones y sitios
diferentes se unen con otros de la mamaria interna , terminando en este músculo y
en los inmediatos : en su extension da diferentes ramos , y uno que sigue al cordon
espermático hasta la túnica vaginal ; suele
nacer de ella la arteria obturatriz : ántes de
llegar al recto produce un ramo que se extiende hasta las costillas falsas , en donde
termina comunicándose con otro de la mamaria.

La arteria iliaca anterior nace frente á
la epigástrica en la parte externa ; su direccion varía ; pero lo comun es que vaya
por debaxo de los músculos, y se sitúe entre el pequeño obliquo y el transverso; despues se tuerce hácia fuera sobre la cresta
del ileon, llega á su parte media, y asciende hácia el ombligo, cerca del qual termina : en toda su longitud da ramos á las
glándulas de la ingle y á los músculos del
abdomen , uniéndose algunos con otros
de

de varias arterias. La arteria crural despues que sale por debáxo del ligamento
de Falopio, desciende por la parte anterior
del muslo, cubierta por la gordura, las glándulas, parte de la vena de su nombre y tegumentos, y á quatro dedos de distancia se
oculta, inclinándose á fuera, cubierta por
el músculo sartorio, cuya direccion vuelve
á seguir situada entre el basto interno y los
adductores del muslo: habiendo llegado cerca de la parte media del muslo se coloca
detras de la aponebrose, que da el basto interno para la porcion larga del triceps; pasa
por la abertura obliqua que hay en el tendon de este músculo, dirigiéndose á la parte posterior é inferior del muslo, en donde
toma el nombre de arteria poplitea ó cor-
val. Entre los diferentes ramos que da sucesivamente, merecen se haga descripcion particular de algunos de ellos; tales son: primero, uno que va á los tegumentos del
abdomen; éste nace cerca del ligamento de
Falopio; sube hácia la espina anterior y superior del ileon; desde aquí va á terminar
con diferentes ramos frente á la última costilla falsa: segundo, las arterias pudendas ex-
ter-

ternas, que varían en el número : la primera nace cerca de la última que se ha referido, y las demas por debaxo de ésta ó algo
mas adentro ; se dividen en varios ramos,
que van á distribuirse principalmente en las
partes externas de la generacion en ambos
sexôs : la tercera es la arteria profunda del
muslo ; nace en medio de la distancia que
hay entre el pubis y el pequeño trocanter
de la parte posterior y externa de la crural;
su grueso es poco menor que el de aquella ; desciende hasta el músculo crural, dando muchos ramos á los músculos de la parte
anterior del muslo, al periostio del femur,
y da la nutritiva de éste, y por último forma
tres ó quatro gruesos troncos que llaman arterias *perforantes* del muslo. La primera de estas nace por debaxo del pequeño trocanter
entre el músculo quadrado y el tercero adductor ; despues se tuerce hácia delante,
va por entre el basto interno y el segundo
adductor, cambia de direccion y sigue á la
parte posterior del grande trocanter, en
donde termina despues de haber dado ramos
á los músculos referidos. La segunda perforante nace por debaxo de la primera, agu-
je-

jera la primera y segunda porcion del triceps ; va hácia la parte posterior , y se divide en diferentes ramos, que van al nervio
isquiático, al biceps, al semi-nervioso y semi-
membranoso , al gluteo grande y partes vecinas : debaxo del gran trocanter produce
la primera nutritiva del femur. La tercera
está mas profunda , y atraviesa la misma
porcion del triceps ; y dividida en varios
ramos termina distribuyéndose en el recto
interno, en el semi-membranoso y en el periostio del femur. La quarta perforante pasa
por la tercera porcion del triceps , produce
la segunda nutritiva del femur, se divide en
varios ramos que van al nervio isquiático , á
los músculos referidos y á los tegumentos.

La quarta es la circunflexâ interna ; nace
de la crural por debaxo de la profunda , y
á veces de ésta, se encamina hácia la parte
interna por debaxo del músculo pectineo;
luego muda de direccion , y se divide en
varios ramos con que termina. En su extension da ramos al pectineo, uno para el iliaco , y los demas van á las partes externas
de la generacion ; cerca del símfisis del pubis se comunica con la obturatriz.

La

La circunflexa externa nace de la profunda cerca de su origen; despues se divide en varios ramos, entre ellos hay dos mas gruesos y largos: uno va profunda y transversalmente hácia el cuello del femur, á tres dedos del qual da una vuelta y termina en su parte posterior, comunicándose con la compañera: el segundo es superficial, desciende dando ramos á los músculos vecinos; uno se adelanta, y va por el borde externo del crural, llega hasta la rótula, se distribuye encima de la articulacion, comunicándose con ramos de las articulares.

La arteria poplitea se extiende desde el sitio referido hasta cerca de la tibia, pasando por entre los músculos de la pierna y los cóndilos del femur; en la mayor parte de esta extension no está cubierta mas que por el tegumento, glándulas y gordura: está enlazada ó enredada con los nervios y las venas; en la misma forma que se ha dicho está la axilar; en su extension produce varios ramos musculares; y algunos que van á la articulacion de la rodilla con el nombre de articulares, divididos en superiores é inferiores; aquellos son en

nú-

número de tres, divididos en interno, medio
y externo. El interno nace de la popli
tea; desciende transversalmente hácia la
parte posterior de los cóndilos del hueso
femur; despues se hace profundo, y va por
debaxo del basto externo; dividido en varios ramos viene á la parte anterior de la
articulacion de la rótula ó rodilla, en donde
termina. En su camino da ramos á los bas-
tos, á los tendones de los músculos vecinos y á la articulacion: algunas veces falta;
y en este caso le suple el descendiente de la
circumflexa interna. El superior externo,
nace de la poplitea frente del anterior: está
mas profundo que el situado entre el basto
externo y el femur; la direccion es parecida
á la de su compañero se extiende hasta la
parte anterior y externa de la articulacion;
y dividido en pequeños ramos termina distribuyéndose en las partes de que está cer-
cada. El ramo medio viene de la poplitea,
ó de alguno de sus compañeros; á poca distancia se divide en diferentes ramitos, que
van á distribuirse á la parte posterior del
ligamento capsular, á los cóndilos y partes
contenidas en la articulacion.

Los

Los articulares inferiores son dos, uno interno y otro externo; éste nace cerca de la parte media del músculo popliteo; en su orígen está cubierto por el plantar y el gemelo externo; asciende, y va á pasar por debaxo del ligamento lateral externo; llega á la rotula y se divide en dos ramos, uno profundo que se introduce en la articulacion, y se distribuye en las partes que estan contenidas en ella. El otro es superficial; sube por el borde exrerno de la rótula, y termina dividido en varios ramos, que algunos se unen con otros de sus compañeros.

El interno viene del principio de la poplitea; está cubierta por los gemelos, y encima del popliteo, siguiendo su borde superior: se introduce debaxo del ligamento lateral interno; sale por entre los tendones de los músculos flexôres de la pierna y el basto interno; se divide en algunos ramos, uno de ellos se une con otro de la tibial anterior; cerca del ligamento de la rótula sale uno, ó dos que ascienden, y uno se comunica con el articular superior interno en la parte externa de los extensores de la pierna; otros entran en la articulacion y

se

se distribuyen en las partes de ella; en toda su extension da como el anterior ramos á los músculos y partes vecinas, y se comunican con freqüencia.

La poplitea, despues de los ramos articulares inferiores, produce la tibial anterior entre el perone y la parte inferior del popliteo; desciende algo mas de una pulgada, y termina por dos gruesas ramosas, que son la tibial posterior y la péronea: entre éstas y la última produce algunos ramos musculares y alguna vez la *nutritiva de la tibia.*

La arteria tibial anterior poco despues de su origen se tuerce y perfora la parte superior del ligamento interoseo, entre el perone y el principio del músculo tibial posterior; llega á la parte anterior en donde está cubierta por el músculo tibial anterior, y el extensor comun de los dedos; desciende entre el último y el largo extensor del dedo gordo; se hace cada vez mas anterior, acercándose á la tibia, y se sitúa sobre el ligamento interoseo, con quien desciende torciéndose para pasar por encima de la tibia; continúa cubierta por los ligamentos anulares de la pierna y pie,

acom-

acompañada de una vena y un nervio que
la siguen desde el principio : ella acompaña
á los tendones de los músculos flexôres del
pie, y extensores de los dedos ; despues se
hace externa, y se sitúa entre el primero y
segundo hueso del metatarso ; cambia de
direccion y va á la planta del pie ; se divide en dos ramos, uno contribuye á formar el arco plantar: el otro es la arteria
plantar del pulgar de donde nacen los ramos
que van á los bordes de este dedo. Es ley
constante en todas las arterias dar ramos á
las partes por donde pasan ; por esta causa
no me detengo en hacer mencion de ellos. La
tibial anterior produce sucesivamente los
que siguen : I. varios para la articulacion
de la rodilla y partes inmediatas: II. entre
los maleolos da dos ramos, uno para cada
uno, los que divididos en varios se distribuyen en los huesos y ligamentos articulares, extendiéndose hasta la convexîdad
del pie: III. quando llega al tarso produce una gruesa rama, que llaman *arteria*
del tarso, ésta se dirige hácia fuera, introduciéndose debaxo del corto extensor de
los dedos; llega al tercer hueso cuneiforme,

T 1

me, se inclina á la parte anterior, y produce una interosea entre el segundo y
tercero hueso del metatarso, la que despues va al segundo y tercero dedo; poco
despues da otra interosea, que va á distribuirse al tercero y quarto dedo. El tronco
se acerca al cubo, y se comunica con ramos de la peronea anterior; inmediatamente
produce una tercera interosea, la que se
sitúa entre el quarto y quinto hueso del
metatarso; su distribucion es en las mismas
partes que la antorior. Por último, el tronco se dirige hácia el abductor del dedo pequeño y termina dando varios ramos, comú-
nicándose con algunos de la plantar externa
na: V. la tibial, despues de la antecedente produce la *arteria* del *metatarso*; ésta
á veces suple la del tarso; va al borde externo del pie, se divide en varios ramos
con que termina, que se comunican con los
últimos de la peronea. Todos los ramos que
da la tibial anterior en el pie dan filetes á
los ligamentos, cápsulas articulares, al periostio y huesos, llegando hasta los dedos.
La tibial anterior suele faltar, y en este
caso la suplen sus compañeras.

La

La arteria tibial posterior comunmente es la mas gruesa de las que nacen de la poplítea; desciende perpendicularmente á lo largo de la tibia, entre el flexôr comun de los dedos y el solar: despues, entre el primero y el tendon de Aquiles, llega á la articulacion de la tibia y perone con el astlagalo continúa hasta llegar á la parte interna de la bóbeda del calcáneo; á poca distancia se divide en dos troncos que son las plantares, una interna y otra externa. Desde su origen hasta este lugar produce ademas de los ramos musculares la *nutritiva* de la tibia, que es la mayor de su clase y la arteria peronea.

La arteria plantar interna es mas pequeña que la externa; se separa entre el tendon del tibial posterior y el abductor del dedo gordo; va á lo largo de la cara inferior y borde interno del pie, siguiendo la direccion del músculo que se acaba de nombrar que la cubre; llega frente del nabicular, sigue por el primero cuneiforme, llega hasta el dedo gordo, y termina dividida en varios ramos; frente al escafoyde, da un ramo que haciendo algunos rodeos, va

á

á unirse con la dorsal interna; siendo el restante de su extension dá pequeños ramos á las partes vecinas.

La arteria plantar externa parece la continuacion de la tibial posterior: nace de la terminacion de ésta, y se inclina á la parte externa, situada entre el corto flexor de los dedos y el acesorio del largo, en el borde anterior del último se inclina adentro, cubierta por el corto flexor y se adelanta hácia los dedos y forma un arco, que se llama *plantar*: este arco está situado debaxo de los músculos interoseos á lo largo de la parte posterior del segundo, tercero y quarto hueso del metatarso. Por último, termina comunicándose con un ramo de la tibial ánterior, cerca de la extremidad anterior del primer hueso del metatarso. En toda su extension produce infinidad de ramos, de modo que no hay parte en la inferior del pie que no reciba. El arco plantar, despues de dar ramos en todas direcciones, produce la quarta arteria digital; ésta se dirige baxo los músculos interoseos á lo largo del quarto hueso del metatarso; y despues de dar ramos de comunicacion

á

la plantar externa del dedo gordo, llega á la extremidad anterior de los huesos del metatarso, y se divide en dos ramos, uno para el costado externo del quarto dedo, y otro para el mismo del quinto. El mismo arco da ramos que vuelven atras, y otros que siguen diferentes direcciones; frente á las articulaciones da algunos que pasan de abaxo arriba con el nombre de *perforantes*, divididas en anteriores y posteriores; algunas de ellas se unen con las del tarso. Igualmente nacen de dicho arco dos *digitales*, que son la segunda y tercera; la primera de estas va al segundo y tercero dedo y la segunda es para el tercero y quarto, termina el referido arco entre el primero y segundo hueso del metatarso, comunicándose con la extremidad de la tibial anterior; de esta union nace la primera *digital*, que se divide entre el primero y segundo dedo.

La arteria peronea es una de las que sufren mas irregularidades; algunas veces no existe, y en este caso la suple un ramo que da la tibial posterior debaxo del múscu-lo popliteo, toma origen de la tibial pos-

terior cerca del nacimiento del músculo de
este nombre , está cubierta por el largo
flexôr del dedo gordo ; continúa acercándose al borde interno del perone , y al ligamento interoseo , y llega á la parte inferior de la pierna ; aquí se divide en dos
ramos , uno grueso que perfora el ligamento interoseo y se llama *peronea anterior,*
el otro queda en la parte posterior , con
el de *peronea posterior*: esta se extiende
segun lo largo del flexôr comun de los
dedos y el corto peroneo al costado interno del talon ; da ramos á todas las partes inmediatas , y va á terminar en la *plantar externa* debaxo del abductor del dedo
pequeño , hasta unirse ; suele ser doble , y rara vez falta ; en este caso termina
en los músculos y tegumentos. La peronea
anterior falta comunmente quando existe y
perfora como se ha dicho ; el ligamento in-
teróseo se hace anterior , y sigue con direccion obliqua la longitud del tendon del
corto peroneo y del músculo pedio ; dividida en varios ramos va á terminar en el músculo abductor del último dedo en las partes vecinas y en los tegumentos.

AR-

ARTÍCULO III.

De la estructura de las venas.

Las venas son unos canales á manera de cono, membranosos y valvulares, cuyo origen está inmediato á la terminacion de las arterias de donde traen cierta cantidad de sangre al corazon, en quien terminan.

La verdadera estructura de las venas, ignorada por los antiguos, ha sido causa de varias qüestiones entre los Anatómicos; últimamente han convenido en las circunstancias, que las diferencían de las arterias. El número de túnicas que las forman está en disputa; algunos modernos las conceden quatro con los mismos nombres, situacion y estructura que tienen en las arterias. La teórica que expuse tratando de la estructura de aquellas, se puede usar aquí con bastante propiedad, uniendo á ella las circunstancias que siguen. Estas son las que demuestran su estructura, uso y la diferéncia que tienen de las arterias. Las venas son capaces de mas extension que las ar-

arterias; sus paredes son mas delgadas, y aunque tupidas (no tanto como las de las arterias. Las fibras de la túnica carnosa son longitudinales, y mas manifiestas que en las arterias, especialmente en las venas gruesas, como las cavas, en cuyo remate hay algunas circulares. Las válvulas son las que hacen la diferencia mas patente, entre las venas y las arterias, pues estas carecen absolutamente de válvulas. Los antiguos no las conocieron; pero *Silvio*, *Cannanoos* y otros las vieron, y últimamente *Fabricio de Aquapendente* las demostró, y escribió una obra de ellas. Se da el nombre de válvulas de las venas á unas membranas delgadas, fuertes y elásticas que tienen diferentes figuras; pero la mas comun es semilunar; están situadas en diferentes partes de la cavidad de las venas. Las válvulas tienen dos caras, una está hácia la pared de la vena, y la otra hácia el exe de ésta; dos bordes, uno flotante, que está hácia el corazon, y otro fixo adherido á la vena. La situacion general de las válvulas, es en la entrada de los ramos venosos de los troncos; por lo regular son pares; á veces tocan en el

ori-

orificio de los vasos, y los extremos del borde flotante se introducen en ellos. Asimismo hay válvulas en toda la extension de ciertas venas como sucede en las de las extremidades. Las yugulares y la mayor parte de las venas del abdomen carecen de válvulas; detras de cada válvula hay una cavidad, cuya extension es proporcionada á ella; en estas cavidades se acomodan las válvulas, con mucha exactitud para proporcionar mas facil tránsito á la sangre.

El número de las venas es excesivamente mayor que el de las arterias en todas las partes del cuerpo: su diámetro varía en cada individuo, pero siempre es mayor que el de las arterias que le corresponden. Las venas en general acompañan á las arterias; pero como son mas, hay siempre supernumerarias.

Los ramos venosos tienen las paredes mas gruesas que los troncos, siendo constante este tamaño en todas las edades, ménos en los niños, en quienes las venas son mas gruesas que en los viejos. En las arterias es al contrario; porque sus paredes

son

son mas densas en una edad abanzada que, en la juventud.

Las venas se comunican entre sí con mas freqüencia que las arterias, como cada uno puede conocer exâminando las de la cara y de las extremidades. La direccion de las venas es mas recta que la de las arterias; su cavidad está perforada por los ramos que se les unen. Ademas de las conexîones que tienen las venas entre sí, contraen otras por ramos subalternos muy pequeños con las arterias, con los vasos linfáticos, con el texido celular y con las grandes cavidades. Con las arterias es innegable, pues la demuestra la inyeccion mas simple: la del texido celular la demuestran con bastante freqüencia las enfermedades que consumen la gordura: el soplo y otros medios la confirman. La de las cavidades me parece no necesita de pruebas.

Sobre el origen de las venas hay varias opiniones; unos defienden que nacen inmediatamente de las arterias, otros que media un cierto espacio entre el remate de las arterias y el principio de las venas. Yo,

guia-

guiado por la experiencia , no adopto absolutamente ninguno de estos dictámenes,
porque todos tienen razon en ciertas circunstancias. Los primeros tienen á su favor
el paso de la inyeccion de las arterias á
las venas , y *vice-versa* , como saben los
Anatómicos. Los segundos alegan con razon el derrame de la sangre que se verifica sin contradiccion en el cuerpo cavernoso del pene y en el bazo , &c. En
vista de estos hechos , no me parece se puede decir que sea universal uno ni otro parecer , sino que en unas partes nacen las
venas inmediatamente de las arterias , y en
otras no.

El orden con que se efectúa la circulacion
de la sangre pide que se dé principio á la
descripcion particular de las venas por su origen ; pero este método tiene varios incon-
venientes , y entre otros el que obliga á
no seguirlo , es la confusion que resultaria,
nacida de la variedad que se nota en la formacion y sitio de las venas ; por esta causa
le han abandonado todos los buenos Anatómicos. El corazon envia la sangre por dos
arterias á todas las partes del cuerpo , y
la

la recibe por las venas, cuyo número es
mucho mayor, y son las que siguen: primero, las coronarias: segundo, las pulmonarias: tercero, las venas cavas, una superior y otra inferior; en estas vienen á terminar todas las venas del cuerpo, y las comprehendidas en estos tres números la vierten en dos cavidades que están sobre la base
del corazon. Cada una corresponde á un
ventrículo: éstas se llaman las aurículas,
que son dos bolsas membranosas y carnosas;
tiene cada una, ademas de las aberturas de
las venas, otra que vá al ventrículo de
su lado; por donde pasa toda la sangre
de ellas al dicho ventrículo: la primera se llama derecha ó anterior: la segunda izquierda ó posterior. La anterior
recibe las venas coronarias y las dos cavas:
la posterior admite todas las venas pulmonarias. De lo dicho se infieren los usos de
las venas, pues unas vuelven al corazon
la sangre que fue á los pulmones para recibir alguna preparacion: éstas son las pulmonarias: otras traen la que llevó la materia de que se hacen las secreciones y excreciones, y que conduxo el instrumento de

la

la nutricion ; estas son las cavas : todas las venas que vienen de la cabeza, de los brazos y del pecho terminan en la cava superior : las de las extremidades inferiores y del abdomen rematan en la cava inferior; las pulmonarias y coronarias terminan por sí, como se dirá.

ARTÍCULO IV.

De las venas en particular.

Para que se comprehenda con mas facilidad la situacion y distribucion de las venas seguiré el mismo orden que en las arterias, porque las venas tienen en general los mismos nombres. Empezaré por las del corazon, despues seguirán las pulmonarias, y concluiré con las cavas.

Las venas coronarias corresponden á las arterias ; esto es, los principales troncos, que son dos ó tres ; cada uno de ellos suele terminar separado ; pero mas comun es que se junten en una gruesa vena, que llaman *seno circular* ; éste se abre en la aurícula anterior al lado izquierdo de la válvula de

Eustaquio; en su remate hay una valvuli-
lla que se adhiere hácia el diafragma , y se
abre hácia la aurícula : no obstante , hay
otros pequeños ramitos que se introducen
en los ventrículos.

Las venas pulmonarias comunmente son
quatro, dos de cada lado : se dirigen desde
la aurícula posterior á los pulmones ; y ántes de entrar, cada una se divide en dos;
unas pasan por delante de los bronquios,
y otras por detras : de qualquier modo entran en los pulmones , se esparcen por
su substancia , y forman al rededor de las
vexîculas unidas con las arterias la red admirable de *Malpigio.*

La vena cava superior es mas larga y
gruesa que la inferior ; nace de la aurícula
derecha ; sube con direccion obliqua del
lado izquierdo al derecho ; está situada por
delante y al costado derecho de la aorta ; llega cerca de la mitad del arco , y se divide
en dos gruesos ramos , que son las venas
subclavias : las venas que produce hasta llegar á este sitio son la *azigos ó impar* , que
á veces son dos ; ésta nace ordinariamente
de la cava fuera del pericardio ; se dirige de
ade-

adelante atras por encima de la arteria pulmonaria derecha y el bronquio; del mismo lado forma una corvadura, produce la bronquial derecha y algunas esofágicas traqueales y pericárdinas: despues llega á las vertebras, y produce algunas intercostales superiores: en el lado derecho suele dar las tres primeras; desciende por el mismo costado de las vertebras, pasa de la cavidad del pecho á la del vientre por el mismo parage que la aorta, y va á finalizar en la cava en una emulgente, y á veces en las lumbares; y lo mas comun es en todas á un mismo tiempo.

La vena mamaria interna nace de la parte anterior de la division, y su distribucion tiene bastante semejanza con la de la arteria: asimismo nacen algunas pequeñas venas llamadas thimicas, pericardinas, y la compañera del nervio diafragmático ó diafragmática superior.

Las subclavias se llaman así por la misma razon que las arterias; estan situadas delante de ellas; su longitud es la misma; terminan entre los escalenos, donde toman el nombre de axilares: la derecha produce di-

ferentes ramos , como son la thyroidea inferior , la intercostal superior , las yugulares
internas y externas ; y la vertebral : la izquierda da la mamaria interna , y algunas
pectorales internas : las thyroideas inferiores son dos ; varian en el origen ; el comun
es de la subclavia izquierda ; ascienden apartándose una de otra ; llegan á la parte inferior de la glándula de su nombre , en
quien acaban.

Las venas yugulares internas son dos;
una derecha y otra izquierda ; aquella parece la continuacion de la cava superior , y
la izquierda nace de la parte media de la
subclavia ; las dos suben al lado externo de
las carótidas hasta la parte superior de la
laringe ; estan cubiertas por los músculos
que hay en las partes laterales del cuello;
en su extension dan diferentes ramos ; habiendo llegado á la laringe cada una se divide en dos; una posterior llamada celebral;
ésta llega á la parte interna del agujero ras-
gado posterior ; en este sitio forma una especie de seno que se llama el golfo de _Lower_,
el que es comunmente mayor en el lado
derecho que en el izquierdo : á él viene

á parar generalmente la mayor parte de la sangre que conducen las venas, y senos de la dura madre , porque el izquierdo es mas pequeño, ó falta ; bien que en esto hay alguna variedad : el otro ramo á poca distancia se divide en varios , cuyas distribuciones son parecidas á las de la arteria carótida externa.

Las venas yugulares externas comunmente nacen de la subclavia mas exteriormente que las internas : son ménos gruesas que ellas ; suben entre los tegumentos y el músculo cutáneo hasta cerca de la parte inferior de la oreja : cerca del ángulo de la mandíbula se comunican por un tronco grueso y corto con las yugulares internas : por último, el tronco va á pasar por encima del conducto de *Stenon* , y termina en las fosas temporales con el nombre de vena temporal: en todo su camino da diferentes ramos que se comunican reciprocamente con otros que pertenecen al sitio y nombre de las arterias : el modo con que se hace la circulación en la cavidad animal ha merecido la atencion de muchos *Sabios* ; pero á nosotros nos es suficiente saber que una

mul-

multitud de venas conducen la sangre á los senos, y que éstos no son otra cosa que unas grandes venas que la llevan á las fosas *yugulares*, en donde estan los golfos de *Lower*, y principian las venas yugulares internas: todas las demas venas que pertenecen á las subclavias y carótidas tienen la misma direccion y distribucion que las arterias, á quienes pertenecen, cuya descripcion omito por no ser difuso, y solo haré mencion de la ranina y angular interna del ojo.

La vena ranina nace de la thyroidea superior; está situada en la cara inferior de la lengua al lado del frenillo; se extiende hasta su punta acompañando al noveno par de nervios, en cuyo sitio se comunica con otra, llamada sublingual.

La vena labial acompaña la arteria de su nombre; pasa por encima de la rama de la mandíbula inferior y del borde anterior del masetero, continúa por el ángulo de los labios, sube por la parte lateral de la nariz, llega al ángulo interno del ojo, y toma el nombre de *angular*; aquí recibe un ramo considerable de la *oftálmica*, que viene dividido en dos ó tres, de que resulta una

anas-

anastómose manifiesta entre las venas de la cara y los *senos cavernosos* de la dura *madre*, pero sigue hasta la frente , en donde la llaman *frontal* : por último , se divide en varios ramos que se comunican con las venas temporales y occipitales ; en su principios suele dar la vena *sublingual* y la *ranína*.

Despues que las subclavias han salido del pecho pasan por delante de la primera porcion del escaleno , y toman el nombre de axîlares , el que conservan hasta llegar frentre á la terminacion del músculo gran pectoral : su situacion y direccion es la misma que la de las arterias , aunque mas exteriormente enredadas en la forma que se dixo en otra parte : cada subclavia da por lo ménos un número de venas relativo al de las arterias : frente á la articulacion del húmero produce la vena *cefálica* ; ésta desciende entre el gran pectoral y el deltoides ; en este sitio suele reçibir una pequeña vena que viene de la yugular interna , ó de la subclavia ; pasa por el borde inferior del tendon del gran pectoral , se hace externa, y continúa por debaxo de la piel segun lo largo del borde externo de la porcion de

este nombre del músculo biceps : continúa
por el borde externo del brazo , pasa cerca
del cóndilo de este nombre, aquí se divide
en tres gruesos ramos: el primero va obliquamente hácia la parte anterior del pliegue del brazo ; se llama mediana *cefálica*:
está situada debaxo de los tegumentos , y
encima de la aponebrose del músculo *biceps*:
en esta parte se une con otro ramo que se llama *mediana basílica* ; de su union resulta
un ángulo , cuya punta está hácia abaxo , y
es como la continuacion de las dos que forman una gruesa vena, que se llama la *grande mediana* de *Riolano* ; ésta desciende comunicándose con la cefálica por un lado,
y por el otro con la basílica por medio de
ciertos ramos en forma de mallas : los otros
dos se llaman venas *radiales* ; una interna y otra externa, las que siguen la direccion que indica su nombre : continúa la cefálica, que algunos llaman *radial externa* á
lo largo del borde radial del antebrazo y
mano , en ésta se sitúa en el intervalo del
primero y segundo hueso del metacarpo,
y toma el nombre de *cefálica* del pulgar;
termina dividida en varios ramos en la base
de

de los dedos, comunicándose con algunos de las cubitales.

La vena basílica nace de la axîlar inmediata á la articulacion del húmero; es mas gruesa que la cefálica; baxa por la parte interna y algo posterior del brazo hácia el cóndilo interno; en la inmediacion de éste se divide en tres ramos; una anterior que es la mediana *basílica*, ésta va por encima del cóndilo interno, dirigiéndose á la parte media del pliegue del brazo, y á distancia de tres ó quatro dedos se une con la mediana cefálica en la forma referida; pasa por encima de la arteria braquial del nervio mediano de la aponebrose del biceps, y quando no exîste esta aponebrose se encuentra esta inmediata á su tendón; lo mismo sucede con la extremidad inferior de la mediana cefálica; del sitio de la union de estas venas nacen los ramos profundos del antebrazo, que son la causa de que algunas veces no se llenen bien estas venas.

Los otros dos ramos son, uno la vená cubital interna, que suele terminar en la extremidad inferior del antebrazo, y el otro la cubital externa; ésta es mas gruesa y

se

se dirige por la parte posterior y externa del antebrazo ; sigue por el borde cubital y cara externa de la mano situada entre el quarto y quinto hueso del metacarpo ; aquí se le da el nombre de vena *salvatela* : llega á las extremidades inferiores de dichos huesos, y se inclina hácia el borde radial para formar con la cefálica del pulgar el arco de que se habló.

Todas las venas del antebrazo y mano se comunican con freqüencia por ramos musculares cutáneos : del principio de la basílica nacen las venas braquiales, descienden con la arteria de su nombre, llegan á la parte inferior del brazo, y se dividen como las arterias en diferentes ramos, que no explico porque jamas se sangra en ellos. Algunos Anatómicos no han querido determinar el número y situacion de las venas de las extremidades superiores, sin duda por las muchas variedades que experimentan ; pues son tantas, que con dificultad se hallará un sugeto en quien la distribucion en sus dos brazos en general sea conforme.

De lo dicho se infiere el poco conocimiento que tienen de la Anatomía, y lo in-

fun-

fundadas que son las ideas de aquellos que señalan precisamente la vena en que se ha de sangrar. Hace pocos años que me sucedió con un Doctor en Medicina el caso siguiente : enfermó cierto Eclesiástico de un afecto anginoso que padecia periodicamente; este Doctor le ordenó , entre otros remedios , tres sangrías de los brazos , determinando en cada una la vena que se habia de abrir , haciéndomelo presente por medio de una esquela. La primera y segunda obedecí fielmente al Sr. Doctor ; y aunque me pareció sandéz la disimulé por diferentes razones. En la tercera señaló una vena que casualmente no exîstia en el enfermo : le sangré de la mas inmediata , y el paciente, instruido por el Médico , me preguntó si era aquella la vena señalada ; le respondí que era la misma : esta respuesta no le satisfizo, porque no fue en el sitio determinado: me despedí , y quando vino el Médico se habia agravado la enfermedad ; indagó la causa , y diciéndole que no se habia hecho la sangría en la vena determinada , no tuvo reparo en decir que esta era la causa , y no otra : me llamaron ; expuse la razon que habia

bia

bia tenido para hacer la operacion en otra
vena ; no le convencieron mis reflexîones : se
revistió de autoridad : insistí en hacerle ver
su infundada queja por medio de la Anatomía , pero fue en vano : concluyó dicién-
dome quatro mil cosas ; no sé si buenas ó
malas , porque aunque lego , entiendo algo de *latin* , pero del suyo no entendí
una palabra.

La vena cava inferior principia en la parte inferior de la aurícula derecha dentro del
pericardio: á poca distancia sale de él, y pasa inmediatamente por el agujero del diafragma que está situado en la parte lateral
derecha de su porcion tendinosa ; pasa al
vientre y se coloca detras del hígado , en
quien se introduce por entre el grande lóbu-
lo y el de *Spigelio* ; en este camino produce el canal *venoso* que va al seno de la
vena porta : sale del hígado , y acercándose á la coluna vertebral se coloca al lado
derecho de las vertebras lumbares y del de
la aorta ; llega á la primera vertebra del
sacro, y se divide en dos gruesas venas , que
son las iliacas primitivas : en esta extension
recibe las venas diafragmáticas , las hepá-
ti-

ticas , las capsulares , las renales , las espermáticas , especialmente la del lado derecho,
las venas lumbares y la iliaca anterior.

Las venas iliacas primitivas descienden
apartándose una de otra hasta la pequeña
pelvis, situadas delante de las arterias : habiendo llegado á la articulacion del hueso
sacro con los ileos ; se divide cada una en
dos ; una interna , llamada hipogástrica ; ésta es mas delgada que la externa; desciende , y á corta distancia se divide en un
número de ramos mayor que el de la arteria de su nombre , cuyas distribuciones
siguen. La externa llamada iliaca acompaña á la arteria de su nombre , en la forma que se dixo en otra parte ; sale por
debaxo del ligamento de *Falopio*, y toma
el nombre de vena crural, cuya descripcion se hará despues.

La vena porta tiene este nombre desde *Rufus* de *Epheso* ; es una gruesa vena
que resulta de la union de dos troncos; uno
que viene de los intestinos, estómago y demas vísceras que sirven para la preparacion del quilo : el otro viene ó se distribuye en la substancia del hígado : la vena
por-

porta hepática está situada orizontalmente en la grande hendedura del hígado, en cuya extremidad derecha termina; en este sitio se le da el nombre de seno de la vena porta. Esta vena se distribuye por el hígado en la misma disposicion que las arterias.

En el feto subsiste una vena, que como el canal venoso se suele convertir en un verdadero ligamento por falta de uso, aunque no en toda su extension; esta vena toma origen de la placenta, corre toda la longitud del cordon umbilical, y entra en el vientre por la abertura de su nombre; despues asciende hasta llegar al hígado envuelta en el ligamento suspensorio de esta víscera: llega á la parte anterior de su grande fisura, y se extiende hasta su parte media, en donde remata por una especie de globo pequeño; de éste salen dos venas, una de su parte posterior, que es el canal venoso, que á cierta distancia se ensancha y une con las venas hepáticas, de cuya union resulta un tronco que termina en la cava: la otra nace del lado derecho; á poca distancia se

une

une con la vena porta ventral, y forman un tubo muy grueso que es el confluente de las dos últimas venas, resultando de lo dicho, que el canal venoso y la porcion izquierda del seno de la porta hepática pertenece á la umbilical, y que la porcion derecha de éste mismo es formada por el tronco de la vena porta ventral que entra en el hígado por aquella extremidad de la grande hendedura, y uniéndose con el ramo derecho de la umbilical forma el seno referido.

La vena porta ventral nace del seno de la hepática; desciende por detras del piloro y el duodeno; llega á la cabeza del pancreas, y pierde el nombre de porta; porque se divide en tres gruesos troncos, que son la grande vena meseraica, la vena esplénica y la hemorroidal interna ó pequeña meseraica.

La grande meseraica parece la continuacion del tronco de la porta ventral; desciende al lado derecho de la arteria mesentérica superior, cuyas distribuciones sigue con la misma disposicion y direccion.

La vena esplénica es mas delgada que

la

la antecedente; va con direccion transversal por la cara posterior del pancreas á buscar la hendedura del bazo, en quien se distribuye en la misma forma que la arteria, dando ántes los ramos pertenecientes á los de aquella.

La pequeña meseraica suele nacer del principio de la esplénica; desciende haciendo algunas corváduras hasta la pelvis; llega al ano, en donde hace una grande parte de su distribucion, comunicándose con la hemorroydal externa: en lo restante de su extension se distribuye en la misma forma que lo hace la arteria mesentérica inferior.

La vena crural es la continuacion de la iliaca externa; desciende, y á poca distancia se coloca detras de la arteria, y despues de haber dado algunos ramos á las glándulas de la ingle produce la grande sáfena; ésta desciende por la parte anterior del muslo, á lo largo del músculo sartorio, cuya direccion sigue; llega á su parte inferior, pasa por la parte posterior interna del cóndilo interno del femur; continúa descendiendo por la parte lateral, y algo anterior de la pierna, llega al tobillo

llo interno , pasa por delante de él , continúa por el borde interno y cara superior del pié : se extiende hasta el intervalo que hay entre el primero y segundo hueso del metatarso , y termina inclinándose hácia fuera para formar un arco con la pequeña safena. De este arco salen ramos en todas direcciones ; esta vena en toda su extension no está cubierta mas que por los tegumentos : continúa la vena crural introduciéndose profundamente en la parte media del muslo ; despues sigue con corta diferencia la direccion de la arteria ; toma el nombre de poplitea , y le pierde en el mismo sitio que remata , haciendo la misma division que la arteria poplitea. La situacion y distribucion de las venas que nacen de la poplitea se diferencían en poco de las arterias.

La vena llamada pequeña safena nace de la poplitea por debaxo de las articulares ; á poco de su origen se hace externa y desciende entre los tegumentos de la parte posterior y externa del músculo gemelo externo ; llega al tobi-

llo externo , pasa por delante de él , va
á la convexidad. del pie , sigue por su
borde externo , situada entre el quarto y
quinto hueso del metatarso y finaliza
formando una convexîdad de fuera adentro para que resulte el arco que se dixo
anteriormente.

De los ramos de comunicacion que
dan las sáfenas se forman unas venas
que pasan por delante de la articulacion
del pie; se les puede dar el nombre de
venas *dorsales* : algunas veces son bastante gruesas , porque se les juntan algunos ramos internos.

Resumen de la circulacion de la sangre.

Habiendo concluido la exposicion de
las arterias y de las venas , cuyo conocimiento es absolutamente necesario para saber y conocer la circulacion de la
sangre , conviene ahora hacer una sucinta
relacion de ella. La teoría de la circulacion es sumamente dilatada , pues hay
Autores que han escrito obras enteras
sin

sin otro objeto que el de la circulacion en general ; otros del modo de hacerse en la cabeza, en el hígado, &c.
y no falta quien trate de la circulación
de la sangre en los vasos capilares hecha por diferentes leyes, que la general; esto es, con relacion á la masa comun de los humores, que es la sangre;
pues los que se separan de ella tienen
igualmente sus circulaciones particulares,
como lo prueban las previas disposiciones que se ven en lo animal. El semen,
la linfa, la bilis, &c. circulan de diferentes modos y por distintos caminos.

Los estrangeros enemigos de con-
cedernos el honor que merecen nuestros
descubrimientos útiles, no pueden ménos de confesarnos el de la circulación
de la sangre; solo resta saber quien fue
su inventor. Algunos atribuyen esta gloria á *Francisco de la Reyna*, que se ha-
llaba de Albeytar en las inmediaciones
de Burgos; otros á *Miguel Serbet*, Médico Español, de ingenio raro y docto;
éste conoció cómo se hace la circulacion
y por dónde. Sea qual fuese, lo cier-

to

to es que su hallazgo se debe á un Español; pero el Señor *Guillermo Harveo* la escribió en la forma que la conocemos. Parece dificil creer que los antiguos, percibiendo las experiencias que prueban la circulacion, no la conociesen; á caso no tratarian de ella, por ser cosa demasiado comun entre ellos, y éste suele ser uno de los modos con que se dan al olvido varias cosas.

Acerca de la causa primera, principal y constante de la circulacion no estan acordes los Autores; pues lo que unos admiten, otros niegan y uno de ellos es el *Señor Presabin*, como se puede ver en su tratado de *Higiene*.

No hay cosa mas cierta que la circulacion de la sangre en el feto, y aunque se conoce por donde se hace, se ignora quién le da el movimiento, para que desde el origen de la vena umbilical vaya por ella al seno de la vena porta; de allí á la cava y aurícula derecha, de donde la mayor parte pasa por el agujero de *Leonardo* de *Votal* á la aurícula izquierda; la otra parte va al ventrículo derecho, y

de éste á la arteria pulmonaria ; despues
sigue por el canal arterioso al tronco
de la aorta: Aun se duda si pasa algo
por los pulmones y vuelve por las venas
pulmonarias á la aurícula izquierda ; sea
por este camino ó por el agujero de *Vo-*
tal , lo cierto es que pasa al ventrículo
izquierdo ; corre todas las arterias y
partes del cuerpo , y vuelve á la placenta por las arterias umbilicales. Esto se
cree , porque se encuentran las vias y
canales por donde se hace. Asimismo se
cree que el feto carece de la mayor
parte de los agentes que tiene la circulacion en el hombre despues de nacer.

Con efecto, nace el hombre, y todo
este orden se muda y queda constante
por todo el tiempo que dura la vida ; en
este estado vamos á exponerlo. Para que
se comprenda con mas facilidad esta
doctrina , se debe ántes suponer que
las arterias , las venas cavas , las aurículas y ventrículos del corazon tienen
dos movimientos ; uno que se llama *sísto-*
le , por el que se contraen , y otro llamado *diástole* con el que se dilatan. Estos
mo

movimientos alternativos de las venas
cavas, aurículas, ventrículos, y de todas las arterias se hacen en distintos
tiempos, porque quando unas se contraen, otras se dilatan y *vice-versa*,
de suerte, que las venas se dilatan y
contraen en el mismo tiempo que los
ventrículos; y las aurículas, quando las
arterias. Como todas estas partes estan
situadas una ántes de otra, se sigue la
alternativa sin que se oponga á que se
verifique la contraccion á un mismo
tiempo en dos partes y la dilatacion
en otras dos, como queda dicho.

En una misma contraccion y tiempo
envia el corazon la sangre que hay en
los ventrículos por dos arterias, que son
la pulmonaria y la aorta; por ésta va principalmente á todas las partes del cuerpo,
vuelve por las venas, y entra en el corazon, quando se dilatan los ventrículos. Para que se comprenda con mas facilidad,
supongamos que las cavas estan llenas de
sangre, y las demas partes del corazon va-
cías.

Estando las venas cavas llenas de sangre

gre se hallan estimuladas por ella ; se contraen y la vierten en la aurícula derecha ; ésta se contrae circularmente, y la envia al ventrículo de su nombre; éste se contrae al instante, y obliga á la sangre que siga por la arteria pulmonaria y por sus divisiones, pasando á las venas pulmonarias, éstas la conducen á la aurícula izquierda ; de ésta pasa al ventrículo izquierdo : éste la envia toda por la arteria aorta ; de ésta se ve precisada por ciertas leyes á seguir sus distribuciones por las que va á todas las partes del cuerpo, de donde vuelve por las venas correspondientes ; éstas la conducen á las dos venas cavas, y éstas la vierten en la aurícula derecha, como se acaba de decir repitiendo este círculo mientras dura la vida.

Debe notarse que la sangre que hay en las venas cavas pasa á la aurícula sin que tenga ningun obstáculo que vencer ; pero de la aurícula va al ventrículo por el orificio auricular ; en el remate de éste, en el corazon hay una válvu-

vula llamada de tres puntas ; ésta se
aplana hácia el ventrículo para que entre la sangre , luego que entró, se levanta y cierra el agujero , para que
quando se contrae el ventrículo no pueda volver hácia la aurícula ; despues se
encamina por la arteria pulmonaria ; pero para que pueda pasar tienen que
abrirse las válvulas sicmoydeas que estan en su principio ; las que se abren
del ventrículo hácia la arteria , dexan pasar la sangre , que con su contraccion
envia el ventrículo , y la impiden volver atras , porque se levantan y cierran el conducto ; entónces , por causas
diferentes , se ve en la precision de seguir las distribuciones de la arteria: despues en las alteraciones que sufre el pulmon por la inspiracion entra y pasa
á las venas ; y en la expiracion , corre
por las venas pulmonarias , entra en la
aurícula izquierda , de ésta va al ventrículo , y no puede retroceder por la
válvula mitral que cierra el orificio de
la aurícula ; pasa á la arteria aorta , y
no puede volver al ventrículo , porque
se

se lo estorban las válvulas sicmoydeas,
que se hallan en su principio con la
misma disposicion que en la arteria pulmonaria.

No referiremos las diferentes opiniones que hay sobre las causas del movimiento del corazon; la que se cree
mas probable es la que supone una propiedad estimulante que existe en la sangre, propia para hacer mover las partes por donde pasa. Todo movimiento,
especialmente el activo contribuye bastante para el movimiento de la circulacion, porque pone en juego la accion
muscular. Algunas pasiones activísimas
del alma la aumentan de suerte que
llegan á quitar la vida, por el trastorno que causan en las funciones vitales:
otras, de las mismas pasiones, de tal
modo la entorpecen, y apagan que quitan la vida con la misma prontitud, y
por las propias leyes. Se cree que los
nervios compañeros inseparables de las
arterias contribuyen por su parte á la
perfeccion de esta obra en ambos casos.

CA-

CAPÍTULO III.

De las partes que se deben conocer para evitar sus heridas.

Si diésemos á este capítulo toda la extension de que es capaz, era necesario tratar con exâctitud de todos los nervios hasta sus últimas distribuciones, igualmente de los músculos y sus dependencias; pero nos dilatariamos demasiado, apartándonos del objeto principal: por esta razon solo insinuaremos aquellas partes mas esenciales, que estan expuestas á ser heridas. El conocimiento de los tegumentos y sus diferencias es muy oportuno para los Sangradores.

Los tegumentos comunes cubren todas las partes del cuerpo, especialmente aquellas que forman su superficie externa. La mayor parte de las venas en que se sangra estan inmediatamente debaxo de ellos, de que se infiere la necesidad de su conocimiento. Los tegumentos son dos, el primero es el texido do celúlar, éste no solo cubre la superficie externa, sino que se introduce en las cavidades y en el texido íntimo de las vísceras, de donde hace una directa comunicacion á la parte externa; contiene en sus celdas una porcion de gordura, que varia en cantidad y consistencia, con relacion á las edades, y que se junta con preferencia en ciertos sitios. El segundo es el cutis ó pellejo que cubre al texido celular; es una membrana de un grueso desigual que tiene cierta elasticidad : la substancia de que se compone no está determinada, pero consta de algunas fibras carnosas, de todo género de vasos y de muchos nervios que terminan en él, y forman el organo del tacto. De las partes que le componen la mas exterior es la epidermis. La edad, el temperamento, el sexô, el pais y el oficio ó modo de vivir son otras tantas causas que hacen variar su color y consistencia. En un mismo individuo es diferente segun las partes que cubre ; en la cabeza es mas grueso que en todas las demas; en otras es muy

del

delgado, y en algunas forma diferentes pliegues, es mucho mas floxo, y no tiene gordura, lo que hace mas dificil la execucion de la operacion de la sangría. El mayor ó menor grueso de la epidermis hace variar el suyo, y es causa de que se hagan muchas sangrías blancas, ó acarrea otros mayores perjuicios. Hay algunos sugetos que tienen el pellejo sumamente sensible é irritable, de modo que sufren mucho dolor, y estan expuestos en una sangría hecha con acierto á padecer algunas incomodidades, que al Cirujano que ignore esta doctrina le harán creer les ha hecho algún grave daño. En algunos sitios, y mayormente en ciertos sugetos se encuentra cierta cantidad de vello que impide la operacion.

ARTÍCULO I.

De los nervios de las extremidades superiores.

El plexô braquial es un enlace de

ner-

nervios dificil de explicar ; se forma por los quatro últimos pares de nervios cervicales, y el primero dorsal : de este plexô salen seis nervios , que se distribuyen en todas las partes que forman cada extremidad superior. Quatro nacen de su parte anterior, que son el nervio músculo cutáneo , el nervio mediano, el nervio cubital , y el nervio cutáneo interno. Los otros dos nacen de la parte posterior , y son el nervio radial y el axîlar.

El nervio músculo cutáneo nace de la parte anterior del plexô ; se dirige hácia la extremidad superior del músculo coraco braquial , á quien suele perforar ; se sitúa entre el triceps y los tegumentos; desciende y se coloca entre el biceps y el braquial interno ; llega al doble del brazo , y se hace mas cutáneo. Está al lado interno de la vena mediana cefálica; se inclina hácia fuera, y sigue la direccion del músculo largo supinador al lado interno de la vena cefálica, aunque con alguna variedad, y en esta situacion sigue con ella hasta el dedo pulgar. En la muñeca se sitúa sobre la

ve-

vena cefálica del pulgar: da ramos á
todas las partes que encuentra, y se có-
munica con el mediano.

El nervio mediano nace de la parte
anterior de dicho plexô ; desciende por
detras del borde interno del biceps cerca de la arteria braquial, á quien sigue;
pasa por la parte anterior de la terminacion del coraco braquial ; llega á la doblez del brazo, va por detras de la aponevrose del biceps ; frente á la vena mediana basílica se acerca al cóndilo interno, y suele atravesar al redondo pronador ; desciende entre el músculo sublime y el profundo. En la muñeca pasa por dentro del ligamento anular
interno, y en la palma de la mano
se divide en cinco ramos que van á los
músculos, y á los quatro primeros dedos con el nombre *de digitales.*

El nervio cubital nace de la parte
anterior del plexô; desciende entre el húmero y el músculo grande ancóneo, situado entre la vena humeral, y la basílica ; pasa por detras del cóndilo interno entre éste y el olecranon; perfora
el

el músculo cubital interno, va al antebrazo, llega á la muñeca, y se divide
en dos ramos, uno externo que se distribuye en el tendon del cubital interno y partes vecinas. El interno pasa por
entre el ligamento anular, y los tegumentos cerca del hueso pisiforme, llega
á la mano, y termina dividido en varios ramos.

El nervio cutáneo interno nace de
la parte anterior del plexô; ántes de
descender se divide en dos ramos, que
estan situados entre la aponebrose que
cubre los músculos y los tegumentos; baxa por el borde posterior del brazo;
se acerca al cóndilo interno; se sitúa
al lado de la vena basílica, y pasa por
debaxo de su mediana; aquí se separan los dos ramos, uno sigue la direccion del músculo radial interno, y llega distribuyéndose hasta el principio de
la palma de la mano: el otro es interno, y sigue por encima del músculo cubital interno, y llega distribuyéndose hasta el dedo pequeño.

El nervio axîlar nace de la parte pos-

te-

terior del plexô por diferentes ramos que
todos se distribuyen en los músculos que
rodean la articulacion del brazo con la
escápula.

El nervio radial nace de la parte
posterior del referido plexô ; desciende
variando de direccion , y se coloca circularmente al rededor del húmero ; llega
á su parte inferior entre el largo supinador y el braquial interno ; continúa
entre el primero y el radial externo ; va
á la muñeca , y se coloca entre los tendones del primer radial y del corto extensor del pulgar ; se hace cutáneo , y
va á distribuirse , principalmente en los
dedos. Antes de llegar al antebrazo produce un ramo cutáneo , que sigue por el
borde radial del antebrazo, y llega hasta la
muñeca que es donde remata : éste puede ser herido quando se sangre en las
venas radiales.

ARTÍCULO III.

De algunos músculos y otras partes que se pueden herir en las sangrías que se hacen en las extremidades superiores,

De todos los tendones de los músculos que estan expuestos á ser heridos
en los diferentes sitios en que se sangra en el antebrazo y mano, el del músculo biceps ha sido y es, en dictamen
de algunos Autores, el mas expuesto;
pero la razon que se halla autoriza-
da con la experiencia convencerá de lo
contrario : el músculo biceps se llama así,
porque nace por dos partes separadas; una
externa y otra interna; ésta nace de la
parte inferior y externa de la apófise co-
racoyde por un tendon grueso y largo,
que en la mayor parte de su extension
está unido á la parte superior del músculo coraco-braquial ; forma la porcion
carnosa, y va á unirse con la otra hácia
la parte media del húmero ; la externa

H na-

nace de tres porciones de fibras tendinosas; dos de la parte superior y externa
del borde superior de la cavidad glenoi-
dal del homo-plato, y la otra algo más
superior; forman una aponevrose, que
parte de ella se confunde con el ligamento capsular, á quien perfora; la que queda va á situarse en el seno bicipital, cuyo principio toma la forma de tendon;
desciende en ella contenido en una cápsula; despues que sale forma una porcion
carnosa que va á unirse con la antecedente por debaxo de la parte media del
húmero; y forman ambas un solo músculo, que en la parte inferior degenera en
un tendon que pasa por delante de la articulacion del antebrazo: á corta distancia se inclina hácia fuera, desciende y
lude sobre una cara lisa que está en la
parte superior de la tuberosidad del radio, y con la extension de una pulgada
remata en la parte inferior y posterior
de dicha tuberosidad: del borde externo
y cara anterior del principio del tendon
del biceps nace una aponevrose que tiene
el nombre del dicho músculo; su grueso

so y extension varian de modo que alguna vez es muy delgada y otras no exîste : este origen le tiene especialmente del braquial interno ; pero de qualquiera suerte que sea , á poca distancia se confunde con la aponevrose comun que envuelve los músculos que estan situados en el antebrazo , de que luego se hablará : el biceps es uno de los flexores del antebrazo , y puede tener parte en la elevacion

Atendiendo algunos Cirujanos Anatómicos á la direccion , situacion profunda , y al sitio en que termina el referido tendon , y que está cubierto por su aponevrose particular ó comun , dudaron de la posibilidad de su puntura : y para cerciorarse hicieron varias experiencias , con las que confirmaron sus ideas. Por mi parte he repetido dichas experiencias hechas en todas actitudes y situaciones , dirigiendo siempre el instrumento segun la direccion de las venas en que puede ser herido ; y disecando despues las partes lesas , hallé ofendido el tendon braquial interno en la mediana cefálica , y en la

ba-

basílica igualmente las partes que estan debaxo, y rara vez el tendon referido; debiendo advertir, que para herir estas partes ha sido necesario introducir doble porcion de instrumento que tiene la longitud regular de la lanceta que se dexa fuera de los dedos en el acto de picar: por otra parte, la ligadura y situacion del antebrazo en el tiempo de la operacion aumentan la dificultad; y poniendo la mano inclinada, es casi imposible poder herir dicho tendon aunque se haga de intento: de lo dicho se infiere, que las picaduras de la aponevrose propia ó comun y sus síntomas se han equivocado con la puntura del tendon : ademas, executando la operacion con las reglas que se dirán, es absolutamente imposible que suceda dicha puntura ; y á lo sumo podrá picarse la aponevrose.

El músculo extensor comun de los dedos está situado en la cara externa del antebrazo entre el cubital y los radiales externos; toma origen por un tendon comun con ellos, y otros del cóndilo externo del húmero y del ligamento intermus-

cu-

eular externo : desciende , y en la parte
media del antebrazo se divide en quatro
porciones que se cruzan en su direccion;
cada una degenera en un tendon , y todos juntos pasan por debaxo del ligamento anular externo , situados en un seno
y sujetos por cierto ligamento ; llegan á
la convexîdad del carpo se separan, en-
sanchan, y van con diferentes direcciones
hácia las extremidades anteriores de los
huesos del metacarpo ; siguen el dorso
de los primeros falanges de los quatro
últimos dedos ; despues se dividen sucesivamente en pequeñas aponevroses, con
que terminan en la convexîdad y partes
laterales de los falanges : estos tendones
se comunican en la mayor parte de su extension por medio de ciertas expansiones
tendinosas que se dan reciprocamente.

El largo extensor propio del pulgar
está colocado profundamente en la cara
externa del antebrazo ; nace de la cara
externa del cúbito del ligamento interoseo ; degenera en un tendon que pasa por
dentro del ligamento anular externo, aco-
modado en una concavidad, llega al carpo,

po , cruza los tendones de los radiales, pasando por encima y va á rematar en los falanges del pulgar.

El corto extensor del pulgar está situado al lado del anterior ; nace de la cara externa del ligamento interoseo y de la parte inmediata del radio ; forma un tendon delgado que cruza los anteriores, pasa por debaxo del ligamento anular, sigue por la convexîdad del primer falange, pasa su segunda articulacion y termina en el segundo falange : estos tendones reciben como los del extensor comun ciertas bandas tendinosas que vienen de los demas músculos del pulgar.

El extensor propio del dedo índice ó sea indicador está colocado en la cara externa del antebrazo , oculto como los anteriores ; nace de la parte media del cúbito, detras del largo extensor del pulgar : á corta distancia degenera en un tendon que pasa por el ligamento anular externo con los del extensor comun; va por la convexîdad de la mano hácia la extremidad inferior del segundo hueso del metacarpo , unido con el que recibe

es-

este dedo del extensor comun, conclu-, yendo en la misma forma que él.

El extensor propio del dedo pequeño se halla entre el comun de los dedos y el cubital externo; nace del cóndilo externo del húmero por el tendon comun referido; á cierta distancia forma un tendon que pasa por debaxo del ligamento anular externo, colocado en una concavidad del cúbito; llega al último hueso del metacarpo, y se divide en dos bandas tendinosas: la interna se une al tendon que da el extensor comun á este dedo; y la externa va á unirse con las dos anteriores encima del primer falange del dedo auricular: debe notarse que todos estos músculos tienen ademas de las conexîones dichas, otras muy íntimas con los demas músculos de los dedos, ó desde la parte inferior del brazo hasta la muñeca. Debaxo de los tegumentos hay una aponevrose muy fuerte que envuelve todos los músculos como si fuese una manga muy ajustada: de su cara interna se desprenden ciertas bandas aponevróticas que separan los músculos unos de otros, y los

su-

sujetan : esta aponevrose es mas gruesa
por su parte superior, y segun se acerca
al carpo se hace mas fina : la porcion que
cubre la cara externa del antebrazo es
mucho mas delgada : por último termina uniéndose por todas partes á los ligamentos anulares externos de la muñeca:
algunos Autores asignan su origen ; pero
la diseccion demuestra que no debe li-
mitarse á los cóndilos del húmero como
dicen : su origen se demuestra en ciertas porcioncicas tendinosas que se separan de los tendones y de la membrana
comun de los músculos: esta aponevrose
puede herirse quando se sangra en qualquiera de las venas situadas en toda la
extension del antebrazo, porque se hallan
sobre ella.

ARTÍCULO III.

De los nervios que se distribuyen en las extremidades inferiores.

El nervio crural está formado de la union de los tres primeros pares de nervios lumbares, un ramo del quarto y otro del quinto; su union se verifica debaxo del músculo obpsoas, á cuyo borde externo está situado; sale del vientre por detras del ligamento de Falopio entre el músculo referido y el iliaco detras de los vasos crurales; llega á la parte anterior y superior del muslo, y los ramos que le forman estan unidos hasta llegar á este sitio: su número no se puede determinar; se dividen en internos, medios y externos: los internos van á los músculos, y algunos siguen los vasos crurales, á quienes forman un plexô; otros pasan á los tegumentos para componer, uniéndose con otros del obturador un nervio que se llama safeno; el sitio en que se reunen para formarle no se puede señalar,

lar , pero siempre es cerca de la parte
media del muslo que desciende por la
anterior é interna : sigue la direccion de
la vena safena á su lado interno ó externo , y rara vez encima , y llega hasta el
dedo gordo del pie , en donde remata
dividido en varios ramos. En toda su extension produce diferentes filetes , los que
da cerca del tobillo interno ; y en este
borde del pie forman un plexô al rededor de la vena, y se extienden por el dorso
del pie. Algunos Autores fidedignos dicen
que han visto seguirse de la herida de
este nervio síntomas muy graves. Un crí-
tico moderno confiesa ignoraba el por
qué sobrevenian dichas síntomas; pero habiendo indagado la causa , hallo que
dicho nervio estaba mas ó ménos ofendido. Todos los Prácticos saben lo dolorosas que son las sangrías hechas en esta
vena , y que rara vez dexan de origi-
nárseles algunos accidentes , y que siempre tardan mucho tiempo en cicatrizarse.
Los ramos externos y los medios se distribuyen en los músculos y tegumentos,
llegando algunos hasta la rodilla.

El

t

El nervio isquiático ó crural posterior es el mas grueso y largo de todos
los nervios: se forma del ramo anterior
del quarto par lumbar y del tronco del
quinto, de que resulta un cordon que se
une á otro, formado por el primero de
los sacros del ramo superior del segundo,
y de una porcion del tercero: sale de la
pelvis por la grande semiluna isquiáticas
desciende entre la cavidad cotiloidea y
la tuberosidad del hueso isquion, y continúa por la parte posterior del muslo
hasta la aorta; en esta parte ó ántes se
divide en dos gruesos cordones, que se
llaman *isquiáticos poplíteos*, uno interno
y otro externo.

El *isquiático poplíteo* interno desciende hácia el cóndilo interno del femur;
cerca de él produce un ramo bastante
grueso, que se le puede llamar pequeño
safeno ó externo, porque sus últimas y
principales distribuciones acompañan á la
pequeña safena ó safena externa, particularmente desde la parte posterior y
externa del tobillo externo, extendiéndose hácia el borde externo del pie: el
sa-

safeno externo nace del *isquiático popliteo interno* por encima del *cóndilo interno* del femur; desciende entre los gemelos, y se hace externo en el sitio donde estos se reunen; sigue debaxo de los tegumentos, llega frente del principio del tendon de *Aquiles*, se inclina á la parte externa y va á pasar por detras del tobillo externo, acompañando á la vena safena externa: continúa por la cara superior y borde externo del pie, y va á terminar por varios ramos cerca del último dedo, comunicándose con el popliteo externo.

Despues el *popliteo* interno desciende por detras de la articulacion en la forma que se dixo, tratando de la arteria; se sitúa entre el largo flexôr comun de los dedos entre el solar y tibial posterior: llega al tobillo interno, y pasa por su parte posterior é inferior; se dirige á la bóbeda que forma el calcaneo en donde engruesa; se ensancha y remata dividiéndose en dos troncos que se llaman plantares, uno interno y otro externo: estos son los que hacen la principal distribucion para las partes que estan en la cara inferior del pie y dedos.

El

El *nervio isquiático poplíteo externo* con el origen referido desciende hasta la cabeza del *perone*, y da media vuelta al rededor de ella; pasa entre este hueso y el músculo largo peroneo; en este sitio se divide en tres ramos, uno profundo y dos superficiales: cerca de la articulacion del perone produce un ramo que se hace cutaneo, y variando de direccion va á buscar el *safeno externo*, al que acompaña hasta su última distribucion.

El ramo profundo se distribuye en diferentes músculos, y en el periostio de la cresta de la tibia; da un ramo que acompaña á la arteria tibial anterior, y se distribuye en la cara superior del pie. El primero de los superficiales va por la parte anterior de la pierna entre la aponevrose y los músculos; despues se hace cutaneo, llega á la convexîdad del pie, sigue por el borde interno, y se divide en varios ramos, que algunos van á los dos primeros dedos. El segundo ramo superficial sigue la direccion del primero: en la parte media de la pierna agujera la aponevrose, se hace cutáneo y desciende hasta la cara

su-

superior del pie ; se divide en dos ramos
que acompañan á los tendones de los extensores comunes; finalmente, da un nervio para cada uno de los quatro últimos
dedos : entre los dos tobillos produce un
ramo que va al externo ; omito lo demas
de la distribucion de todos los nervios de
la extremidad inferior porque no es preciso.

ARTÍCULO IV.

De algunos músculos , cuyos tendones
se pueden picar en las sangrías
del pie.

El músculo tibial anterior nace de la
cara externa de la tibia desde su parte
superior hasta la media , extendiéndose
desde el ángulo anterior al externo toca
al ligamento interoseo y á la apenevrose
que la cubre ; su porcion carnosa es bastante gruesa ; desciende y forma un tendon que se dirige obliquamente de fuera
adentro , cruzando la tibia ; pasa por debaxo del ligamento anular de la pierna, se
coloca en una sinuosidad , va por encima
de

de la articulacion del pie y debaxo de su
ligamento anular; á poca distancia se inclina de fuera adentro, y ensanchándose
sigue por encima del primer hueso ó uña,
y va á terminar en su borde interno é inferior, extendiéndose hasta el primer
hueso del metatarso; su principal uso es
doblar el pie.

El pequeño *peroneo ó peroneo* anterior nace de la parte media inferior de la
cara anterior del perone y del ligamento
interoseo; su porcion carnosa remata en
un tendon que va con los del extensor
comun; despues cruza á los del corto extensor comun, se inclina hácia fuera, y
degenera en una ó dos bandas tendinosas,
que van á terminar á la extremidad posterior y parte media del quinto hueso del
metatarso; algunas veces no hay este
músculo que parece porcion del extensor
comun largo; su uso es ayudar al tibial
anterior para la doblez del pie.

El extensor propio del dedo gordo nace de la parte inferior de la cara
anterior del perone y del ligamento interoseo; su cuerpo forma un tendon, que
pa-

pasa por dentro del ligamento anular de
la pierna ; se acomoda en una sinosidad,
llega á la parte superior del pie , sigue
el borde interno del que da el corto extensor á este dedo , y concluye en el primero y segundo falange.

El extensor comun de los dedos ó largo extensor nace de la parte superior de
la tibia por debaxo del cóndilo externo
del ligamento interoseo y borde interno
del perone ; su parte carnosa se compone de tres , cada una degenera en un
tendon, y los tres pasan por debaxo del
ligamento anular de la pierna , perforan
el del pie ; se inclinan hácia fuera , continúan por la cara superior del pie, y van
á los quatro últimos dedos ; el primero
se divide en dos aponevroses , que una
va al primero y otra al segundo , y les
demas caminan sucesivamente á los demas dedos , finalizando por tres bandas
aponevróricas en sus falanges , y comunicándose con todos los demas músculos
que tienen los dedos.

El corto extensor comun de los dedos
nace de la cara externa de la grande tu-
be-

berosidad del hueso calcáneo y de la parte anterior del ligamento capsular de la articulacion del pie; se dirige obliquamente de fuera adentro; á cierta distancia se divide en quatro porciones desiguales; cada una forma un tendon, y todos cruzan los del largo, pasando por debaxo de ellos, acompañándolos hasta llegar á los dedos, y uniéndose con ellos terminan del mismo modo.

Los músculos que estan situados en la pierna y pie se hallan cubiertos por una aponevrose en la misma disposicion que los del antebrazo: ésta se extiende por la cara superior del pie y remata en su parte media.

La nomenclatura que uso es la que conocen todos los Anatómicos, especialmente despues de *Winslow* y *Lieutaud*, á quienes siguieron *Haller*, *Sabatier* y *Portal*. Nó me ha parecido conveniente recibir los nombres y doctrina de *Montaña*, *Diaz* y de otros Anatómicos de los antiguos Españoles, á quienes imitó *Valverde*, y la estudió en *Italia*. De toda la doctrina expuesta, la que es capaz de demostracion anatómica la he visto prácticamente diferentes veces; ademas se halla apoyada con la autoridad de los Autores que acabo de referir.

CAPÍTULO IV.

De las precauciones que se deben tener ántes de la operacion de la sangría, durante ella, y despues de ella.

De los Autores que he leído ninguno conozco que trate con orden la materia que exîge este capítulo en sus tres partes.

ARTÍCULO I.

De las circunstancias que deben tenerse presentes ántes de la operacion de la sangría.

Las diferentes circunstancias que el Sangrador debe preveer ántes de la operacion de la sangría, unas tienen relacion con ella en general, y otras con cada una en particular; unas y otras se comprehenderán por la exposicion siguien-

guiente, dando por supuesta la indicacion que pide se execute esta operacion,
sea quien fuese el que la mande hacer:
Enterado de todo lo dicho en los tres
capítulos antecedentes, debe saber el Cirujano Sangrador : primero, el sitio en
que va á operar : segundo, elegir la vena : tercero, informarse de ella por el
tacto mas ó menos repetido para conocer
su diámetro y su constancia en la situacion: quarto, debe enterarse de las partes que la rodean y puede herir : quinto, tendrá presente el cómo circula la
sangre en aquel parage ; esto es, si sube,
como sucede en las extremidades, ó si
baxa, como en todas las partes de la cabeza, cara y cuello : sexto, determinará el sitio en que ha de hacer la ligadura, y si será suficiente una : séptimo, preguntará al paciente si se ha sangrado otras veces, y si le sucede alguna
novedad en el acto de la sangría para
proceder con conocimiento, y disponer
lo que fuese necesario segun el informe:
octavo, debe saber quién y quándo man-
dó la sangría, y si se hizo alguna ad-

ver-

vertencia á cerca de suspenderla ó no, pues de esta suerte no se priva al paciente del alivio, y se evitan las dispútas entre los Profesores.

ARTÍCULO II.

De lo que debe observar el Sangrador mientras sale la sangre.

Debe saber primero que despues de haber abierto la vena se necesita mudar la situacion de la parte para facilitar que salga la sangre con mas facilidad y comodidad del Sangrador : segundo, sucede algunas veces que estando bien abierta la vena no sale mas que una muy pequeña cantidad de sangre; en este caso se pone un dedo sobre la cisura, y se espera pase algun tiempo ; luego se le pregunta al enfermo si tiene alguna novedad, y se le da un poco de agua fria hasta que vuelva á continuar el círculo, que estaba como interrumpido : tercero, lo mismo acontece quando los enfermos de tal suerte se desmayan,

yan, que parecen cadáveres; esta clase de
desmayos se suelen conocer ántes que se
verifiquen, porque la sangre (sin causa
conocida) va disminuyendo en cantidad
y movimiento, y se advierte por el tacto
que el cutis se pone por momentos la-
xô y húmedo : en este caso conviene
cerrar la cisura y poner el vendaje,
sacando el enfermo al ayre, y rocián-
dole con agua fria el rostro : quarto, en
otras ocasiones se ve salir la sangre por
algun rato, pero inmediatamente se sus-
pende, sin que sea la causa ninguna de
las mencionadas, y regularmente es porque ha mudado de sitio la abertura del
tegumento, y no está frente á la de la
vena, ó la vena por algun movimiento
que se hace y ser rodadera muda de lugar; por ser la vena muy gruesa y la
solucion pequeña, por estar la ligadura
muy apretada ó floxa; porque la circulacion se hace con lentitud, por efecto de la enfermedad ; por estar muy
espesa la sangre y ser pequeña la cisura ; por no haberse hecho paralelas las
soluciones de la piel y la vena, porque

se

se interpone en la cisura una porción
de pinguedo, ó coaxô de sangre : ul-
timamente, si una plétora aparente fué
la que indicó la sangría, inmediatamente cae el enfermo con un síncope : quinto, debe atenderse á la cantidad de sangre que se ha determinado sacar : sexto,
se procurará que salga la sangre en caño ó formando arco, no porque sin esto dexará de estar bien executada la
operacion, y hacer buen efecto la sangría en qualquiera forma que salga la
sangre, sino porque de este modo se extrae
lo craso y ténue de ella, asimismo por
la comodidad y limpieza : séptimo, suele
ser útil mandar al que se sangra haga
algunos movimientos, ó se le da siendo
en el antebrazo alguna cosa que esté mo-
viendo en la mano, ó ponerle alguno
de los dedos en determinada y útil situacion.

AR-

ARTÍCULO III.

De algunas diligencias que deben prac-
ticarse despues de la sangría.

Primero, mientras el Sangrador acaba
de poner el vendage mandará tapar la
vasija en que está la sangre y ponerla
en el lugar mas oportuno : segundo, es
muy útil dar al enfermo un vaso de
agua fria en atencion á la alteracion
que á veces se experimenta, especialmente porque despues que se pierde cierta
cantidad de sangre es comun percibir
una viva sensacion de sed : tercero, determinará el Sangrador la situacion en
que debe estár la parte ó el todo, y
por qué tiempo ; quarto, igualmente debe determinar el tiempo que ha de pasar
ántes de tomar alimento, qué clase y cantidad, si es él quien ha dispuesto la sangría : quinto, no obstante que esta regla está comprehendida en el número
tercero, me parece debe el Sangrador
prohibir al enfermo (por cierto tiempo

y

y con respecto á las circunstancias), que ande ó haga otro género de exercicio; pues por esta causa suelen venir accidentes de alguna conseqüencia, y por lo comun se culpa al Sangrador: sexto, es muy comun, que hecha la primera sangría, sea qual fuere la causa porque se ha hecho, pregunten los enfermos si se repetirá ó nó; la respuesta debe ser con atencion á su estado. Si por casualidad se les dice que por un orden regular no es necesario reiterarla, responden al instante es preciso repetirla para igualar la sangre. Ignoró donde ha tomado origen este error, y lo peor es que hay Profesores que le dan asenso; acaso será por la utilidad que se les sigue. ¿Qué ideas tendrán estos tales de la *anatomía y fisiología*, y quál será el concepto que han formado de la circulacion de la sangre? me parece que nádie podrá responder, si ellos no lo hacen. Debe, pues, todo Profesor instruido que piensa con honradez contribuir en la parte que pueda á desterrar esta absurda preocupacion, valién-

do-

dose de las verdaderas reglas, experiencia y principios de su profesion : séptimo, no es ménos freqüente la pregunta de que si no hay otros remedios con
que se pueda suplir la sangría, los Profesores cuerdos satisfacen á esta pregunta,
del modo que les parece mas propio, segun la indicacion. Comunmente no sa-
tisface á los pacientes ; replicando estos
que lo decian porque varios han quedado ciegos de una sangría, ó que por
lo ménos se les ha disminuido la vista,
refiriendo dos ó tres exemplares que
han oido, ó que les pareció vieron.
En esta ignorancia estan comprehendidos, no solo el vulgo, sino hombres de
mediano entendimiento y carrera. No es
suficiente para convencerlos la experiencia de tantos como se sangran, particularmente en el número considerable
de los que se hacen sangrar con la mayor freqüencia por gusto, capricho ó
moda, como se observa en las grandes
poblaciones. Por mi parte son pocos los
que he convencido, haciendo todos los
esfuerzos posibles; bien que es difícil con-

vencer al que no cree á la experiencia. Se les hace cargo de que á los que
les sucede consiste en cierta disposicion,
en la edad, en el desarreglo del modo
de vivir, en las enfermedades que han
contraido &c. y que la vista debe disminuir por un efecto natural, y ley constante de la naturaleza.

Deseando saber el fundamento que
esta opinion tiene, y el crédito que merece he mirado con cuidado los Autores de mas nota que tratan de las enfermedades que ofenden el órgano inmediato de la vista, y hallé no falta
quien ponga la sangría por causa de
una de las especies de gota serena, dando por razon un violento trastorno del
origen de los nervios, explicado por
ciertos medios y estado del sistema nervio-
so, que juzgo no son fáciles de comprender.
Si esta causa fuese muy freqüente me
parece seria mayor el número de los ciegos que el de los que tuviesen vista.
Por último, no puedo ménos de encargar á los principiantes no olviden esta
máxîma que es de un prudente y ex-

per-

portó Práctico: "Los buenos efectos que
»produce una sangría dispuesta con
»oportunidad, son incalculables; pero
»si se practíca fuera de tiempo son incor-
»regibles sus perjuicios."

CAPÍTULO V.

De los diferentes modos y medios de eva-
quar la sangre.

Se entiende, generalmente hablando,
por el nombre de sangría, una operacion que consiste en abrir una vena ó arteria con una lanceta, á fin de disminuir
la cantidad de la sangre: el origen de
esta voz es griego; los de esta nacion lla-
maban á la sangría *Angeiotomia*, que se
deriva de *Angeion* que significa *vaso*; y
tome que quiere decir *cortadura*. Quando
extraían la sangre de una arteria llama-
ban *Arteriotomia*; y siendo de vena le
daban el nombre de *Flebotomía* derivado
de *phlex*, *phlegos*, que significa *vena*, y
de *tome*, *seccion*, division ó cortadura. Asimismo se entiende por sangría el acto de
sa-

salir la sangre, la cisura ó abertura de la
vena á lo que se suele aumentar el
nombre de sangría del brazo, pie, &c.:
ademas ha tomado la sangría diferentes
nombres con relacion á los efectos que se
cree produce, como son los de *revulsi-*
va, derivativá y *evaquativá.* Por mí no
adopto esta nomenclatura, por varias razones fundadas en la experiencia, confir-
madá y apoyada por buenos Prácticos,
que aseguran que toda sangría es simple-
mente evaquativa. La voz *Flebotomia*
tiene diferentes significaciones; equivale
á sangría, da el nombre al de sangrar, y
á la operacion de la sangría. Para evitar la
confusion que se sigue de dar muchos
nombres á una misma cosa, usaré de la
voz sangría siempre que se trate de evaquar sangre de las venas por qualquiera
de los medios que usa el arte, y del
nombre de operacion quando trate de los
modos y medios necesarios para extraerla:
igualmente suele agregarse al nombre de
sangría el de *grande, mediana* y *pequeña;*
pero estas voces no se oyen sino á Profesores y gente de poca crítica.

AR-

ARTÍCULO I.

De los diferentes modos artificiales de evaquar la sangre.

De qualquiera modo que se intente sacar la sangre de los vasos, es imposible conseguirlo sin romper ántes sus túnicas: no siendo posible extraer de una misma manera la sangre por varias causas, ha sido forzoso inventar y buscar diferentes modos de evaquarla para conseguir se efectúe la idea propuesta : éste pudo ser el origen de las sangrías locales, cuyos buenos efectos nos inclinan á que se practiquen en varios casos : de lo dicho se puede inferir, que entre todos los modos que usa el arte para sacar sangre, la diferencia que hay de unos á otros consiste en el modo de abrir los vasos. La Cirugía tiene reducidos estos modos de sangrar á tres, que son: primero, por la operacion de la sangría : segundo, por medio de las escarificaciones auxiliadas de las ventosas, y tercero, por la aplicacion de las sanguijuelas,

Ca-

Cada uno de estos tres puntos exîge de parte del Profesor conocimientos diferentes; unos que son relativos á los medios de que se vale el arte en cada uno de ellos, y otras al modo de usarlos: por esta razon se hace indispensable tratar de cada uno en particular; y primero de las diferentes clases de instrumentos que se necesitan para la práctica de las operaciones.

ARTÍCULO II.

De los instrumentos necesarios para la operacion de la sangría en general, y de sus qualidades.

Los instrumentos y demas medios necesarios para executar la operacion de la sangría pueden dividirse en comunes y propios, dando el nombre de comunes á los que sirven para toda clase de sangrías; tales son la lanceta, la ligadura y el vendaje en general: y los propios, cierta y determinada especie de lanceta, algunos vendajes particulares, ciertas canulas y diferentes vasijas que sirven para deter-

mi-

minadas partes. La gloria de la invencion
ha sido causa entre los aplicados de las
naciones estrangeras, para que se hayan
multiplicado los instrumentos propios y
comunes de la sangría. En *Alemania* se
usa comunmente una lanceta de resorte
que es general para todas las sangrías,
y lo mismo sucede en una gran parte
de *Italia.* Para las sangrías que se hacen en la doblez del brázo igualmente se han inventado instrumentos propios;
y no hace muchos años que una de las
Academias mas sabias de *Europa* apro-
bó una máquina inventada para hacer
la sangría de la yugular. En cada uno
de los referidos instrumentos suponen sus
Autores diferentes utilidades; no obstante, los Prácticos júiciosos no los han adop-
tado, porque juzgan con fundamento que
se pueden seguir graves perjuicios. Con
este prurito de inventar han conseguido
poner esta operacion en poder de los
mas ignorantes; de suerte, que en algunos países de *Italia*, *Alemania* y otros,
todos son Sangradores.

Debemos, pues, abandonar todas
es-

estas clases de instrumentos , en atencion
á que es muy complicada su estructura,
y que el Cirujano no puede limitar y
modificar su corte , segun lo exîjan las
circunstancias ó tenga por conveniente.
Por las razones indicadas debe preferirse
á todo instrumento una lanceta bien
construida y segura , supuesto que en
ella se pueden reunir todas las calidades
que le dan la preferencia sobre todos
los demas instrumentos. Para hacer la
operacion de la sangría no se necesita
mas instrumentos cortantes que una lanceta , y en ciertos casos una navaja de
afeitar : los demas instrumentos que son
precisos para la execucion de cada sangria en particular se determinarán ántes de la operacion. Siempre que se haya de sangrar á los *Reyes* ú á otra clase
de sugetos de la primera gerarquía , es
indispensable disponer con magnificencia,
arte y curiosidad todo lo necesario, lo
que no determino , porque los criados regularmente estan instruidos en el modo
de disponerlo.

Omito definir y describir la lanceta,
por

porque es instrumento bastante conocido de todos. En otras Naciones se han
multiplicado las especies y nombres de
las lancetas; pero los *Flebotomistas* de
nuestra nacion no usan mas que de tres
especies; la primera se llama de pico
de *gorrion*, que tiene la punta mas ancha que las otras, á fin de que haga
mayor cisura; es util para abrir los vasos gruesos y superficiales. La segunda
es de hoja de *olivo*; su parte cortante
debe ser mas angosta y larga que la
de la anterior; con ésta se pueden abrir
toda clase de vasos. La tercera es de
punta de *espino*; su hoja va siempre en
disminucion, y termina por una punta
muy angosta, aguda y cortante; ésta es
la mas propia para los vasos profundos.
No obstante, un Sangrador diestro con
una especie de lanceta puede abrir segun arte toda clase de vasos, sea qual
fuere su situacion. Si alguno quisiese man-
darlas hacer debe encargar al artífice sea
con acero de grano muy fino, y que las
dé un temple que tengan cierto grado
de elasticidad; pues sí estan demasiado

fuer-

fuertes, se rompen al herir ciertas clases de tegumentos. El grueso debe disminuir de la línea céntrica á la circunferencia, procurando no tengan betas, y que el corte sea igualmente vivo en los lados que en la punta , y que esté igual y suave. Siempre que existan estas circunstancias en las lancetas, conseguirá el Sangrador hacer la operacion con mas comodidad y prontitud ; causará ménos dolor al paciente, y evitará los síntomas que suelen seguirse , quando se sangra con lancetas de qualidades opuestas. Ademas , esta clase de lancetas no hay necesidad de afilarlas con freqüencia , pues cortan mejor despues que se han hecho con ellas cierto número de sangrías , teniendo cuidado de su limpieza.

AR-

ARTÍCULO III,

*De los dos primeros modos de evaquar
la sangre.*

La primera y principal operacion de
que usa la Cirugía para extraer la sangre en general, es la de la sangría, y
supuesto que se han de explicar cada
una en particular, no insistiré por ahora
en decir mas acerca de ella.

El Sangrador necesita de varios auxî-
lios para sacar la sangre, y esta es la
segunda operacion : tales son cierto número de ventosas de todos tamaños ; un
bisturí de mango fixo, cierta porcion de
cerilla ó estopas, una vel. de cera de
esperma, dos paños de manos, suficiente cantidad de agua tibia, una taza ó
vasija para recoger la sangre, la necesaria porcion de lienzo usado para hacer el vendaje, vendas, algun emplasto
aglutinante, hilas, agujas enhebradas y
los ayudantes suficientes.

Cada una de estas cosas tiene dife-

ren-

rente uso, tiempo y modo de aplicarse, como voy á manifestar: las ventosas tienen aquí á lo ménos dos usos. Por otra parte, como la Medicina y Cirugía las aplican en diferentes enfermedades y con varias indicaciones, se hace preciso dar alguna idea de ellas y de sus propiedades para instruccion de los principiantes.

ARTÍCULO IV.

De las diferencias de ventosas, su uso y modo de aplicarlas.

Las ventosas han padecido entre los modernos la misma suerte que los sedales, las fuentes ó cauterios propiamente dichos, habiéndose despreciado su uso como contrario á la delicadeza de este siglo; se ha desterrado este remedio de la materia quirúrgica, apartándose de la doctrina de los antiguos que hacian tanto caso de él. No obstante, los Alemanes, los Ingleses y los demas pueblos del Norte, constantes siempre en querer imitar á los padres de la Medici-

cina , usan de las ventosas , y aun las
aplican con bastante freqüencia ; ¿por
qué desdicha se mira este remedio en
las regiones meridionales como cruel?

Este medicamento es el mas eficaz
que se puede emplear en las enfermedades agudas , donde la sangría se halla
indicada por la necesidad que hay de
evaquar , y contraindicada por la debili-
dad de fuerzas que se hallan en el enfermo , debemos igualmente confesar que
el efecto de las ventosas es mas suave
y mas pronto que el de los vexigato-
rios ; estos solo evacuan la serosidad , y
aquellos extráen la sangre , remediando
casi de pronto á la plétora. Los cáus-
ticos ocasionan muchas veces dolores,
convulsiones , dificultad en la orina &c.
y no producen su efecto sino al cabo
de diez ó doce horas , y á veces mas
tarde : al contrario , las ventosas no son
peligrosas , y su efecto es prontísimo ; no
introducen en los humores estímulo alguno , y no acarrean disgusto despues
de su aplicacion.

La accion principal de los vexigato-
rios

rios es causar una revulsion; pero las ventosas extraen una parte superabun-dante de la sangre y la atraen si es pre-ciso á la parte que se desea. Por últi-mo, no se halla en la aplicacion de las ventosas, ni los peligros de la sangría, ni la lentitud de los efectos de los cáus-ticos, pudiéndose aplicar sin riesgo en todas las partes del cuerpo.

Se da el nombre de *Ventosa* á un vaso hecho por lo comun de vidrio, cuya figura es parecida á la de una pera; es-to es, mas ancha en su base, y dismi-nuye por grados para formar el cuello, por el que está abierta, y el borde á nivel y muy liso. Las ventosas se dife-rencian, con relacion á su tamaño, en pequeñas, medianas y grandes; y res-pecto al uso, en húmedas y secas. Se llaman *húmedas* aquellas que despues de haberlas aplicado se hacen en el mismo sitio diferentes escarificaciones, y despues se vuelven á repetir. Se llaman *secas* aquellas en que no se hacen escarifica-ciones, porque es diferente la indicacion.

La Cirugía conserva todavía su uso
con

con bastante utilidad en diferentes casos, y creo deberian tener mas lugar en honor del Arte, y del Profesor. Las enfermedades en que con mas freqüencia se usan son en las conmociones y compresiones del celebro, en las heridas hechas por animales ponzoñosos, rabiosos, ó por instrumentos envenenados, y pueden tener lugar en algunas heridas de armas de fuego. Se usan para atraer cierta cantidad de humores de una parte principal á otra que sea ménos, segun las circunstancias : últimamente, las aplica el *Flebotomista* por mandado del Médico ó del Cirujano.

. Los sitios en que se ponen las ventosas son dos, uno de eleccion y otro de necesidad; la indicacion es quien lo debe señalar. La aplicacion de las ventosas se executa del modo siguiente. Despues de tener dispuesto todo lo necesario se pone al enfermo en la postura mas propia y cómoda, segun el sitio en que se va á operar. Primero se limpia la parte del pelo, ó vello; inmediatamente se le dan unas friegas con la mano

so-

sola, ú acompañada de algun paño, ó cepillo, segun las circunstancias; despues se toma una ventosa y se pone en la parte mas inferior, respecto á la enfermedad, y sucesivamente las demas hasta completar el número señalado, con la advertencia de dexar entre la primera y segunda un cierto espacio para que al tiempo de adherirse no levante la primera como suele suceder, haciendo lo mismo con las restantes. Luego se cubren con un paño caliente, se arropa al enfermo, y se dexan estar puestas un quarto de hora mas ó ménos, segun la indicacion, teniendo cuidado que no dé vueltas el paciente. Pasado dicho tiempo se levantan cada una separadamente, apoyando uno de los dedos de la mano izquierda cerca de su borde, y por allí se principia á levantar, dando entrada al ayre admosférico, que es el que cargando sobre la ventosa impide que se levante de otro modo sin perjudicar al enfermo. Acabadas de quitar se repiten las friegas, mas ó ménos fuertes, y se abriga al enfermo; esto es siendo

do

do secas , porque si son húmedas segun
se van levantando deben hacerse las
carificaciones con las reglas que luego
diré.

Para que la ventosa se adhiera es
necesario ántes sacar la mayor parte del
ayre que contiene , y dilatar ó rarefacer
el que queda , pues de otro modo no
se puede conseguir. Desde la mas remota antigüedad hasta el tiempo presente se han usado diferentes medios para
lograrlo , los que omito referir por no
dilatarme , y porque es suficiente saber
los que con razon se usan. Los mas comunes son ciertas porciones de cerilla
unidas en forma de cruz , que se aplican
en los sitios en que se han de poner las
ventosas , debiendo ser igual el número
de unas y otras. Antes de poner cada ventosa se encienden las cerillas , luego se
pone encima su abertura , dando el lugar suficiente para que se dilate y salga
el ayre; inmediatamente se adapta la ventosa con fuerza , á lo que se sigue apa-
garse la luz , porque le falta la comunicacion del ayre libre ; en lo demas se

pro-

procede como queda referido. Ordinariamente se prefiere á todos los demas medios una porcion de estopa fina, limpia y bien seca; se toma una porcion de ella, que será mas ó ménos, segun el volumen de la ventosa y la elevacion que se intenta hacer en el tegumento: á lo que pueden obligar varias causas, habiéndola ahuecado se pone en el fondo de la ventosa, dexando algunas fibras inmediatas á la entrada; dispuesta en esta forma la ventosa, se toma y enciende en la vela que estará prevenida para este efecto; poco ántes de consumirse la estopa se aplica al sitio determinado con las reglas y advertencias que se han insinuado poco ha. Algunas veces no quieren asirse las ventosas, y suelen ser las causas mas comunes, el no haberlas limpiado ántes con prolixidad, ó no haberlas tenido expuestas á la accion del fuego el tiempo necesario; en este caso se deben volver á preparar en la forma referida, y aplicarlas á la parte.

La causa de que la ventosa se agarre con mas ó ménos actividad; de que se
si-

sigue la dificultad que se halla al tiempo
de quitarla, consiste en el ayre, y asimismo
en el mayor ó menor tumor que forma
la piel dentro de ella : esta es una de las
operaciones que prueban el excesivo peso
que cada individuo sostiene de este ele-
mento ; y la necesidad que tenemos de
que sea así : la falta de ayre que hay
en la ventosa y su poca gravedad es la
causa de que se forme la elevacion que
se advierte, y el peso que experimenta la
circunferencia del sitio en que está asida;
la dificultad de levantar la ventosa consiste en el peso que hace la coluna de
ayre admosférico que gravita sobre ella.

ARTÍCULO V.

De las escarificaciones y del modo de hacerlas.

Se entiende por escarificacion una operacion, por la qual se hacen varias incisiones en el tegumento con un bisturí ú
otro instrumento apropiado, á fin de sacar de los vasos y texido celular algun
hu-

humor. Para hacer esta operacion se han
inventado diferentes instrumentos, y aun
se usa uno, que se llama *escarificador*,
con el que se hacen de una vez cierto
número de incisiones : el uso de éste y
de otros semejantes debe ser despreciado
por los que exercen la Cirugía baxo de
los principios con que hoy se estudia,
por las mismas razones que expuse hablando de las lancetas. Por el nombre incision se entiende, generalmente hablando, una operacion por medio de la que
se divide la continuidad de las partes:
las incisiones se diferencían por las magnitud, por la situacion, por la direccion
y figura, y por la naturaleza de las partes
en que se practican : por la magnitud en
profundas que interesan hasta la carne;
y en superficiales que no deben comprehender mas que parte del cutis ; éstas son
las que se deben hacer á conseqüencia
de la aplicacion de las ventosas, siempre
que el fin sea evaquar sangre. No trataré
de las otras clases de incisiones por ser
asunto ageno de mi objeto : á esta clase
de incisiones se da el nombre de esca-

ri-

rificaciones , nombre por el qual se determina su esencia y uso , pues los Cirujanos de mas nota usan esta voz para decir no se debe interesar mas que el tegumento , sea que se apliquen ó no ventosas. Las que se hacen despues de haber quitado las ventosas no deben exceder ó salir fuera del sitio señalado por ellas , ni ménos interesar todas las partes que dixe constituyen el tegumento : no han de comprehender todo lo que se llama con propiedad el cutis , pues si lo dividen en su totalidad se contrae , y lo mismo sucede á los vasos que se hallan en él. Se sabe por la experiencia que los vasos cortados circularmente se contraen con mas ó ménos prontitud , segun su clase ; esta contraccion los cierra é impide salga la sangre , que es lo que se solicita aquí : hechas las escarificaciones segun arte , se vuelve á poner la ventosa en la forma referida , y no será fuera del caso aplicar otra algo mayor : se debe estar con mucho cuidado para notar si continúa saliendo la sangre ; y no sucediendo así se levanta la ventosa , y con

hi-

hilas mojadas en agua tibia se quitan los
coágulos que con facilidad forma la sangre por la lentitud con que sale; luego
se vuelve á poner, y se dexa hasta que
se extraiga la cantidad de sangre que se
hubiere mandado: suele ser util cubrir
las ventosas con una tohalla caliente y
arropar al enfermo: la sangre que se extraiga en una ó mas veces se ha de
juntar en una vasija para graduar la cantidad: habiendo sacado la cantidad de
sangre que se ha propuesto, si no lo impide algun accidente, se quitan todas las
ventosas, y despues se lavan las soluciones con agua tibia, quitando los grumos de sangre con cuidado, y se manda
á un ayudante tenga tirante el tegumento, segun la direccion de las escarificaciones, consiguiendo por este medio que
se junten sus bordes; entónces el operador aplicará en la debida forma una ó
mas porciones del emplasto aglutinante;
despues se ponen las compresas que se juzguen necesarias; y por ultimo el vendaje
propio que se tendrá á mano: debe ponerse
al paciente en la situacion mas ventajosa.

Por

Por último, resta explicar el número de escarificaciones, su direccion, sitio y modo de hacerlas: el número puede ser arbitrario; pero arreglado á la magnitud de cada ventosa, al número de éstas y á la cantidad de sangre que se ha de sacar. La direccion debe ser tal, que no se toquen por su cuerpo, ni extremidades; esto se hace á fin de herir mayor número de vasos, y hacer mas facil su curacion: el modo de hacerlas es facil observando lo dicho: se toma un bisturí de mango fixo, y se principia en la parte inferior por el lado izquierdo se hacen paralelas la primera fila; habiendo concluido el número determinado, se hace la segunda, colocando una escarificacion entre dos de la primera; y si se quiere, una de cada lado de la primera y última de la primera fila: se acaba por la tercera haciéndola con arreglo á todo lo advertido, aplicando al instante la ventosa: no debe omitirse nada de quanto acabo de exponer segun pide el Arte: estas pequeñas operaciones de la Cirugía se suelen mirar con desprecio; siendo

así

así que su utilidad , comparativamente
no; es menor que la que resulta de las
grandes operaciones. Todos los Autores
de nota advierten algunos peligros tratando de las incisiones ; me parece no
se puede cometer ninguno haciéndolas
en la forma referida , particularmente
siendo despues de la aplicacion de las
ventosas.

ARTÍCULO VI.

Del tercer modo de evaquar la sangre.

El tercero de los medios therapéuticos
de que se vale la Cirugía para sacar
sangre en diferentes enfermedades y sitios son las sanguijuelas : aunque la sanguijuela es el agente principal de esta
operacion , no es suficiente por sí sola
para cumplir con todos los requisitos que
exige de parte del Cirujano Sangrador;
por esta razon se necesitan otros medios
accesorios : tales son , una navaja de
barba , paños de manos , agua caliente,
un tubo cilíndrico de vidrio ó cristal,

agu-

agujas enhebradas, tixeras, emplasto aglutinante, vendas, lienzo para algun cabezal, y el vendaje que sea propio; un poco de azucar, leche, algun pichon, sal, ceniza ó qualquiera accido: de todas estas cosas, unas son de absoluta necesidad, otras se tienen á prevencion por si las circunstancias piden su uso, como se verá adelante; se ignora quién fue el primero que hizo uso de las sanguijuelas: á Galeno se le atribuyó, sin fundamento, un tratado sobre ellas; la razon es porque *Oribasio*, que trata de sanguijuelas en el libro séptimo, dice tomó lo que refiere de *Antilo* y de *Manemaco*: sea qual fuere su inventor, lo cierto es que son útiles, y que pueden haber enseñado estos insectos á los hombres el uso y modo de hacer la sangría: la Historia natural de las sanguijuelas y su uso han merecido la atencion de varios Autores en diferentes tiempos: ademas de los mencionados, son *Aldobrandus*, *Gesnere*, *Botal*, *Pedro Magno*, *Sevicius*, *Heurnius*, *Crancio*, *Scroder*, *Ambrosio Pareo*, *Dionis*, *Sthall*, *Heister*, &c.

La

La sanguijuela, es como todos saben,
una especie de insecto ó gusano de agua,
que aplicada al cuerpo tiene las propiedades de perforar la piel y vasos para
chupar la sangre que contienen. La mayor parte de los Autores expresados dicen que hay dos diferencias de sanguijuelas, unas que son venenosas y otras
que no; éstas se han de elegir para el uso
de la Cirugía. Los caracteres que dicen
han de tener para que no sean ponzoño-
sas, son, que se hayan criado en agua
dulce y corriente; que sean delgadas y
largas, la cabeza pequeña, el color del
dorso verde, con listas amarillas, y el
vientre algo encarnado; de éstas se toman las mas pequeñas: igualmente estan
acordes todos los Autores en que aun
éstas tienen siempre algo de veneno,
por lo que encargan se tengan cogidas
con dos ó tres meses de anticipacion, y
que esten en una vasija de vidrio con
agua dulce, la que debe mudarse con
freqüencia, á fin de que por este medio
se purifiquen. Algunas horas ántes de ser-
virse de ellas conviene sacarlas del agua,

pa-

para que por medio de esta dieta se adhieran ántes, y con mas fuerza.

Los Cirujanos instruidos hacen uso utilísimo de ellas en diferentes enfermedades, guiados por la indicacion que varias veces pide una sangría local mas ó ménos abundante, cuyo efecto se verifica mas pronto que sangrando por la operacion: otras veces se aplican porque aquella no se puede practicar, como sucede en los niños y en algunos caquecticos, &c; en otros casos porque no se pueden aplicar las ventosas en los sitios que se quieren, como sucede en las almorranas y en ciertas enfermedades de los labios y encias, en la vulva y en el principio de la vaxina para excitar la menstruacion; se pueden aplicar en todas las partes del cuerpo, pero quando sea en las aberturas naturales, como en las narices, conducto del oido, en la boca, y en los ojos, debe hacerse con cierta cautela para que no agarren en sitio que perjudiquen: se debe estar con cuidado mientras estan pegadas por si se sueltan y van á otro lugar en que pro-

duz-

duzcan males que no sean faciles de remediar: la parte en que se han de aplicar
lo ha de señalar la indicacion y la necesidad, ó las dos juntas: la sanguijuela
rompe la piel y los vasos por medio de
su lengua que es triangular: la faringe
la tiene cómo embaynada, y es el principal agente, que despues de abiertos
los vasos la adapta á la picadura con
exâctitud, y chupa la sangre ayudada de
otras partes, cuyo mecanismo se asimila
al que usan los animales que maman en
este acto, ó al de una especie de bomba:
omito su descripcion porque no me parece del caso.

Para aplicar las sanguijuelas se debe
poner ántes el enfermo en la situacion
que convenga, segun el sitio en que se
han de poner; despues se quitará el pelo
ó vello si lo hay; luego se toma una
tohalla, y se moja en agua ó en leche, con
ella se lavará la parte, haciendo despues
algunas friegas: hecho esto se toma una
ó mas sanguijuelas asiéndolas con un
paño blanco y muy limpio por medio
de su longitud, y en esta forma se aplica

á

á la parte, ó mas bien se introduce una
ó mas en un tubo cilíndrico de cristal,
sin tocarla con la mano, porque no pren-
derá ; se pone una de sus extremidades
en el sitio determinado, repitiendo este
acto hasta que hayan agarrado el número propuesto. Algunas veces, á pesar
de todas las diligencias expuestas, no
quieren adherirse ; en este caso es necesario hacer algunas picaduritas con una
aguja, ó se humedece el sitio con sangre reciente de algunos de los animales referidos : quando se han llenado
de sangre se despegan voluntariamente ; y si han sacado la cantidad suficiente y no se quieren separar, no se
debe hacer con violencia, sino vaciar
sobre ellas un poco de agua salada, pol-
vos de acibar, ceniza ó algun accido, y
se desprenden al instante por lo regular;
quitadas que sean, se ponen en una vasija con agua medida ó sin ella para
graduar la cantidad de sangre : inmediatamente se lavan las soluciones con hilas
mojadas en agua tibia ó vino, dexando si es necesario que salga mas sangre:

gre, ó se aplica una ventosa para conseguirlo si la parte lo permite: acabada
esta maniobra se enxugan las picaduras,
y se pone un parche de emplasto aglutinante ó una porcion de hilas para impedir se vierta la sangre; concluyendo aplicando los cabezales y el vendaje apropiado con la debida exâctitud, determinando al enfermo la situación que debe
tener. En algunas ocasiones suele ser util
cortar la cola de las sanguijuelas mientras estan asidas para sacar mayor cantidad de sangre: sucede algunas veces
que quitadas se derrama ó fluye la sangre
con abundancia, sea porque han hecho
grandes soluciones en vasos de considera-
cion, ó porque han determinado hácia
aquella parte la circulación con mas
vigor: de qualquiera modo es suficiente
para detenerla el apósito referido, ayu-
dado de la compresion.

CA-

CAPÍTULO VI.

De lo manual de cada operacion en particular.

Es circunstancia esencial en toda operacion, despues de haber dispuesto doble todo lo necesario, colocar al paciente en la situacion que debe tener todo el tiempo que se tarde en hacerla; ésta será diferente, segun el sitio en que se ha de operar, no obstante son varias las causas y accidentes que obligan á los Prácticos á la modificacion ó falta de este precepto ; por esta razon y la de ser imposible determinar todas las situaciones sin incurrir en prolixidad y confusion, he determinado no señalar mas que una en cada operacion, suponiendo en el enfermo y Sangrador todas las propiedades convenientes : las excepciones , el modo y caso de hacerlas se aprenden por la práctica en compañía de los buenos *Maestros* , en el tiempo que tan justamente tienen determinado los doctos Profesores que

que constituyen el *Real Tribunal del Pro-to Cirujanato.* Daré principio por las que se hacen en las extremidades superiores, continuando con las de las inferiores, concluyendo con las del cuello, cara y boca, y dando fin á este capítulo con la Arteriotomía.

ARTÍCULO I.

De las operaciones de la sangría que se practican en el antebrazo y mano.

La primera diligencia que debe hacer el Sangrador es disponer todo lo necesario en la forma siguiente. Lancetas y lancetero, una cinta de hiladillo de la longitud de una vara, una venda de poco mas de una pulgada de ancho y dos varas de largo, arrollada en un rollo cabezales de lienzo usado, luz por si no es suficiente la natural, un plato y una taza, un vaso lleno de agua, unó ó mas ayudantes, una palancana ú otra vasija de la extension del antebrazo y mano, para bañar la extremidad en ca-

so

so que no se presenten venas, ó por
otra causa, paños de manos y lo demas
que se juzgue necesario, segun las reglas dadas en el capítulo quinto. Estando pronto todo lo referido, pondrá al
enfermo en la situacion conveniente, que
será sentado en una silla ó en la orilla de
la cama; debe reconocer y elegir el sitio de
la vena en que ha de sangrar, teniendo
presente lo que se ha dicho en los quatro primeros capítulos, que pueda tener
uso en este lugar, para no incurrir en lo
que llaman peligros. Estando sentado el
enfermo se hacen unas ligeras friegas,
teniendo extendido el brazo, y abierta la mano; se le pone una tohalla para
no mancharle; se coge ó pliega hácia la
parte superior la camisa y todo lo que
pueda impedirle, con el cuidado de que
no comprima : tomando la cinta con las
dos manos cerca de su medio, dexará
una quarta entre las dos; aplicará esta
porcion á dos ó tres dedos por encima
del sitio en que ha de abrir la vena,
cruzando sus dos extremos en la parte
posterior, y mudándolos de mano los
trae-

traerá á la anterior , atándolos en la parte superior y externa ; para que no se
le opóngan á la execucion y á la salida del la sangre , debe hacer un nudo
simple , y despues una lazada ; la referida ligadura suele molestar , porque
pellizca el tegumento ; por esta causa
puede hacerse sin dar mas que una vuelta , la que ha de principiar como la anterior , y concluir en el sitio en que
se cruzan los extremos : el enfermo do-
blará el antebrazo , apoyando la palma
de la mano en el pecho : el Sangrador
debe abrir el lancetero , y tomar la lanceta que tenga por conveniente ; y abierta la pondrá en la boca , inclinando
su punta hácia el miembro en que va
á operar ; volverá á reconocer la vena,
por si ha mudado de lugar , y si le parece , puede señalarla : despues aplicará
el dedo pulgar de la mano con que no
ha de tomar la lanceta encima de la vena que va á picar , á una distancia proporcionada , apretando mas ó ménos , segun tenga por conveniente , volverá á
reconocer la vena ; y hecho esto , to-

ma-

mará la lanceta con el dedo pulgar y
el índice de la mano que esté libre, asién-
dola por su parte media ó por cerca
del corta, segun le parezca mas conveniente : despues ha de apoyar los dedos restantes al lado opuesto de la vena á distancia proporcionada, dirigiendo su punta mas ó ménos perpendicu-
lar, segun el grueso y profundidad de
la vena; la aplicará á la parte media
de la vena con un grado de fuerza,
proporcionado á las circunstancias; dirigiéndola de modo que corte, segun la
direccion de la vena, hasta que llegue
á la cavidad, lo que se conoce por la
falta de resistencia, y en que sale alguna porcion de sangre; en este tiempo la debe retirar, cortando por su
borde superior ó por la cisura que hizo al tiempo de entrar, sin aumentar
la solucion : en este caso debe poner el dedo pulgar con que comprimia la vena sobre la cisura, para detener la sangre ó
dirigirla hácia la taza, que estará pron-
ta: si no sale con libertad la sangre se
debe averiguar la causa, bien que es-
tan-

tando bastante abierta la vena, sale mas
ó ménos pronto, y si no se afloja un poco la cinta suele salir muy despacio,
y sin formar caño, en este caso se le
manda al paciente ponga el dedo pulgar entre los demas, y que mueva es-
tós; no siendo suficiente; se le da el
lancetero, mandándole le dé vueltas sin
cesar: regularmente corre la sangre, usando de estos medios; pero si la causa de nó
salir fuese alguna de las que se han dicho
en el capítulo quinto, y se conocerá por
lo que diré en el séptimo, debe cor-
regirse del modo que expondré en el
octavo.

Habiendo sacado la cantidad de sangre determinada se pone el dedo pulgar sobre la herida, é inmediatamente se
quita la cinta; luego se toma una tohalla mojada, y se lavan todas las man-
chas de sangre, despues se enxuga el
miembro, y tomando el cabezal se es-
curre el dedo que cierra la cisura, haciendo que tire el pellejo para que se
acerquen los bordes de la cisura; se limpia la porcion de sangre que sale, y
se

se pone encima la parte media del cabezal, apretándole con firmeza; despues
se aplica encima el dedo con que se ti-
raba el tegumento para que quede libre la mano en que tenia la lanceta,
con la que tomará la venda, y desar-
rollando como una quarta, la pondrá
por cerca del rollo encima del cabezal, dexando suelta la dicha porcion;
mudará el dedo encima de ella, y llevando el rollo por la parte interna y
superior del cóndilo interno del húmero, lo traerá por la parte interna y superior del externo, haciendo pase por
encima del principio : dará otra vuelta
en la misma forma al rededor de la parte
superior del antebrazo, volviendo á pasar la venda por el mismo sitio que ántes ; continuará repitiendo estas vueltas
hasta que se acabe la venda, formando
una X, cuyo medio esté sobre la sangría;
concluirá haciendo con los dos extremos
primero un nudo, y despues una lazada.
En algunos casos conviene coserla ó su-
jetarla con un alfiler. Algunos Autores
reprehenden el uso de mojar siempre el

ca-

cabezal , porque solo se debe hacer en
determinados casos.

Se lee en varios Autores que las cisu-
ras deben hacerse en tres direcciones diferentes , que son *longitudinales , transversales* y *obliquas* ; me parece, y lo enseña la experiencia , que la longitudinal
es la mas propia ; que no lo es tanto la
obliqua , y que siempre es perjudicial la
transversa. No falta quien divida el tiempo que se emplea en herir la vena en
tres partes , que son : el instante de la
puntura , el de la incision , y el de la
elevacion ó extraccion de la lanceta ; pero los Sangradores prácticos todos los
comprehenden en uno , executado con
tal prontitud , que apénas se percibe. No se debe intentar abrir la vena , no manifestándose al ménos por el
tacto , ó si no la señalan algunas cica-
trices ; en este caso deberá hacerse la cisura en la extremidad de ellas por donde viene la sangre. La longitud de la
abertura debe ser relativa al grueso de
la vena y á su situacion , pues en caso
de que haya defecto, es ménos malo que

sea grande, con tal que no tenga otro.
Deben mirar con desprecio los Profesores inteligentes las sangrías que llaman
de *Damas*, porque se oponen á las reglas ciertas de la buena Cirugía, y son
causa de varias incomodidades, las que
se toleran' por obrar con arreglo al capricho.

Si por alguna causa no se puede hacer
la operacion en la flexûra del brazo, ni
en las demas venas que estan cerca de
ella, puede abrirse alguna de las radiales ó cubitales; en este caso se ha de
modificar el manual de la operacion, segun el lugar en que se opere.

De la operacion de la salvatela ó sangría de la mano.

Es digno de reparo ver que no se
halla escrito lo manual de esta operacion
entre la multitud de Autores estrangeros
que tratan de operaciones, trayéndola
James; pues ni el Diccionario de Cirugía que trae la Encyclopedia hecho por
el *Señor Luis*, impreso en el año de
1789

1789 hace mencion de ella, describiendo rodas las usuales. Los Autores Españoles, y los que no siéndolo han escrito en este idioma., hacen lo mismo. La Flebotomia , que sirve de modelo á los principiantes, solo. habla de ella como de paso. Se ha despreciado por los Españoles que han escrito con acierto en todas las partes de la Cirugía ; y no sé porqué causa el *Doctor Martinez* no tuvo presente entre otros lo que dice el *sabio Antonio Perez* en su suma y exámen de Cirugía , cuyo compendio necesita poca modificacion para ser completo. Si al olvido de esta operacion se le da por causa la falta de uso , no es cierta ; si por estar exênta de accidentes , ménos ; si es por ser inútil, se ve recomendada la sangria de ella ó de las venas que hay en el dorso de la mano ; siempre que la indicacion pida sea lento el efecto de la sangria , como sucede en ciertos tiempos del embarazo , lo que debe saberse con exâcritud ; aun los Patologistas incurren en este defecto , pues no tratan (que yo sepa) del modo de curar los accidentes que

que se pueden seguir de ella; *Heum*
solo dice, que sangrando en este sitio
se puede herir algun tendon. Aunque
en la esencia de heridas no tengan diferencia, la tienen por la estructura, la
que da lugar á los monstruosos síntomas que sobrevienen en la ofensa de qualquiera de los tendones de los músculos que mueven los dedos, como se ve
en las diferentes clases de panarizos, sea
qual fuere su causa.

La situacion de las venas en este sitio, comunmente es encima de los tendones y de los huesos del metacarpo;
para abrirlas se debe tirar el tegumento
que las cubre, hácia el intervalo, ó hueco de los huesos mas immediatos: por
este medio se mudan de situacion haciendo esten, en dicho hueco; se las su-
jeta con firmeza para herirlas; despues
de abiertas se les permite vuelvan á su
lugar. Del modo referido se evita la
puntura de los tendones; y aunque se
pique alguna de las aponevroses de comunicacion, los síntomas son ménos graves. Por otra parte, no se puede picar

M   el

el periostio ; y en caso que se profundi-
ce no se puede herir más que los músculos interoseos externos , ó algun pequeño
ramo de arteria ó nervio , cuya herida es de ménos conseqüencia que la del
tendon, porque son filetes muy pequeños.
Para practicar esta operacion se necesita disponer lo mismo que para la
del brazo , con la diferencia de que en
ésta se acostumbra bañar ántes la mano,
por lo que se debe usar de la palancana
dicha, y no de otras vasijas, como se hace
aun con las géntes mas pudientes ; pues
ademas de no ser comodas para el paciente ni para el Sangrador, tienen el defecto de no poderse bañar en ellas la
extension del miembro que se necesita, y
ménos darle la situacion debida ; despues de hecha la sangría y en esta falta
solo son culpables los Sangradores. La
venda no debe tener mas que una pulgada de ancho, porque si tiene mas no
aprieta con exâctitud ; en caso que tenga mas ancho, se le debe hacer una media luna cada vez que pase por entre
el pulgar y el índice. La lanceta debe
ser

ser usada y de punta ancha, porque en
este sitio la piel siempre ofrece mas resistencia por ser mas fuerte y estar floxa;
y si tiene la punta muy aguda y está
aspera, se rompe con facilidad.

El sugeto que se va á sangrar debe
estar sentado en la cama ó en una silla,
poniendo delante de él una mesa del alto
regular para hacer sobre ella la operacion. En este estado se toma la palancana con la cantidad suficiente de agua,
graduando el calor que debe tener, y
puesta sobre la mesa se principia el baño;
á poco tiempo se saca la mano del agua,
se reconocen las venas, y habiendo ele-
gido la que sea mas á propósito, se manda extender los dedos, y se pondrá la
cinta por encima de la muñeca, poco
mas arriba ó abaxo, segun parezca conveniente. Si la vena no se descubre bien,
se vuelve á meter la mano en el agua,
teniéndola dentro por algun tiempo,
ínterin se dispone la lanceta; luego se
saca y se enxuga, teniendo extendidos los dedos, el Sangrador toma en esta forma los quatro que siguen al pul-

gar,

gar, alargando con el suyo de aquella
mano el tegumento, y con la mano libre
tomará la lanceta, aplicará su punta perpendicularmente sobre la vena, apretando poco á poco hasta que entre en su
cavidad; dirigiéndola con alguna obli-
quidad dilatará un poco, sacándola sin
que corte, porque suele hacer un sonido
poco agradable. Inmediatamente se debe volver á poner la mano en el agua;
si no corre con libertad la sangre estando bien abierta la vena, se afloja la
cinta, y saldrá con deshaogo. Antes de
concluir se debe coger un poco de sangre en una taza, y sacada la cantidad
que se quiere, se quita la mano del agua;
procediendo en todo lo demas con la
misma forma y cautela que dixe en la
del brazo. Para hacer la ligadura deben
estar extendidos los dedos; se principia
del mismo modo que se dixo del brazo;
haciéndo circulares al rededor de la muñeca, pasando cada vuelta por entre el
dedo pulgar y el indice: concluida la
venda se ata en la forma expresada: al
tiempo de picar debe tener el enfermo
apo-

apoyado el antebrazo sobre la mesa ú otra parte, de modo que no se mueva ni incomode.

ARTÍCULO II.

De las operaciones de la sangría, que se practican en las extremidades inferiores.

Á todas las sangrías que se hacen de los tobillos abaxo se les da el nombre de sangrías del pie; este nombre es bastante propio, en atencion á que las que en el dia se practican en las extremidades inferiores estan limitadas con razon á solo el pie, no variando mas que en el sitio, como se ha dicho en el capítulo primero. En qualquiera parte del pie que se haga la operacion, en nada varía su manual ni los instrumentos; el vendaje ha de ser el mismo, con la diferencia de que si se sangra en la garganta del pie ó en la safena externa, debe apoyar en aquella parte su centro. Debe advertirse, que quando se empieze á hacer el vendaje sea

con

con la mejor proporcion para que con=
cluya en el lugar debido.

Para hacer esta operacion se nece=
sitan dos cintas, una lanceta, venda de
dos varas de largo, y pulgada y media
de ancho, un cabezal y lienzo para en
caso necesario hacer otro graduado, un
lebrillo ó barreño de Talavera que tenga la cavidad media vara de largo,
y un pie quadrado de ancho, una taza, suficiente cantidad de agua caliente
y fria, y todo lo demas que es comun.

El enfermo debe estar siempre sentado; la postura del Sangrador variará segun el pie. Puesto el baño con
las precauciones que se han dicho en la
salvatela, se ponen los dos pies en él,
á fin de que si no se encuentra vena
proporcionada en uno, se busque en el
otro con mas prontitud y ménos mo-
lestia de todos. Aunque no se presente
vena en que se pueda sangrar, debe ponerse la ligadura por encima de los tobillos,
procediendo en lo demas como se ha dicho
hablando de la mano. Si á pesar de
todas las diligencias no se advierte vena

con

con la vista ni con el tacto, se pone un cabezal graduado en la corva, y
encima una cinta con la que se forma
un torniquete por encima de la rodilla.
Por este medio regularmente se perciben
las venas; pero si hubiese mucha hin-
chazon ó gordura, se pone en el sitio
en que se va á sangrar un cabezal ú otro
cuerpo apropiado, y se le comprime por
algun tiempo, teniendo dispuesta la lanceta para abrir la vena inmediatamente
que se quite el último. Abierta que sea
la vena debe cogerse algo de sangre
en una taza, y poner el pie en la agua;
quedando cerca de la superficie de ésta
por las razones siguientes. Si es pequeña la cisura tiene que vencer la sangre
mayor coluna de agua, y no puede salir bien. Es bastante comun que forme
la sangre en la misma herida ciertos fi-
lamentos fibrosos, que es necesario quitar para que salga; igualmente si alguna porcion de gordura cierra la solucion no puede verse, y dexando el pie
en esta forma es facil corregirlo. Por otra
parte, estando el pie en el fondo del le-

bri-

brillo, la misma sangre que sale se coagu-
la, y forma una especie de nube sobre la
cisura , la que á poco tiempo impide la
salida de la sangre ; poniendo debaxo
del pie algun cuerpo que le sostenga en
la forma indicada, y limpiándole con
una tohalla , regularmente sale con libertad. Si fuese alguna de las causas que
señalé en las otras , debe procederse del
mismo modo que en ellas. Habiéndose
extraido la cantidad de sangre que se
necesita, lo que podrá determinarse por el
tiempo y magnitud de la cisura , por
la cantidad de la agua; pero rara vez
por el color de ésta , y en que mojan-
do la punta de una tohalla se vea si
la tiñe demasiado ó no. Debe quitarse
la cinta ántes de sacar el pie de la agua
para que se desahogue la vena ; ha-
biéndole sacado , se enxuga y se procede con arreglo á lo expuesto en el
brazo en todas las demas partes del apósito. Al vendaje que con mas freqüencia se usa en esta sangría se le ha dado por su figura el nombre de estribo:
otros se pueden adaptar con la misma

seguridad : el del estribo se hace del modo que sigue.

Habiendo puesto el cabezal y el pie
en la situacion mas cómoda, se toma
la venda con la mano que esté libre,
se desarrolla una porcion, la que debe coger entre su rodilla y el talon del enfermo ú de otro modo, llevando el globo por encima del cabezal en donde le
sujetará con el pulgar que tenia apoyado, y continuará con el globo hácia la
parte externa, (siendo en el pie derecho y en la safena interna) pasándole
por encima del tendon de *Aquiles*, le
traerá por la parte interna, formando
una vuelta circular al rededor de la
parte inferior de la pierna, viniendo á
cruzarla sobre el cabezal, continuará por
encima del pie, pasando el globo por
debaxo de él vendrá á parar cerca del
tobillo interno, continuando en dar vueltas hasta concluir la venda, lo que debe ser encima ó cerca del tobillo externo ; en este tiempo se busca el cabo
de la venda que quedó suelto, atan-
do los dos extremos en la forma

que se ha dicho en otra parte.

Convencido por la verdad, razon y autoridades, no puedo ménos de encargar á los Sangradores que no sangren á las jóvenes ni á otra clase de *Mugeres* sin la debida autoridad, ó causa muy urgente y manifiesta, especialmente del pie. No me parece sería fuera de tiempo el que no se hiciese sangría alguna, sin que constase por escrito, y el que contraviniese se le castigase con rigor, exceptuando los casos de necesidad urgente y conocida.

ARTÍCULO III.

De la operacion de la sangría hecha en las venas yugulares.

Para executar esta operacion se necesitan dos ayudantes, una cinta de dos varas de largo, un cabezal bastante grueso, otro en varios dobles mas abultado y ancho que el anterior, venda regular, parche aglutinante, una cánula ó náype fino, lanceta de pico de gorrion, vasija pa-

para coger la sangre, una sábana chica, una tohalla y lo demas comun.

El enfermo ha de estar sentado, y el que opera tomará sucesivamente la situacion que necesite. En el modo y parage de hacer la ligadura no estan acordes los *Autores*; el siguiente es el mas util, pues comprehende parte del que exponen los Prácticos: colocado el paciente se le pone una sabanilla ó tohalla grande al rededor de la cintura; habiendo quitado ántes todo lo que incomode al cuello y sus inmediaciones; se manda al enfermo tenga la cabeza levantada; luego se reconoce la vena, y hecho esto se toma el cabezal grueso que se aplicará sobre ella, cerca de la clavícula de aquel lado; le sostendrá un ayudante, y el Sangrador tomará la cinta, y poniendo su medio en el lado del cuello en que va á sangrar, conducirá un extremo por encima de la escápula del lado opuesto, y el anterior le ha de pasar por encima del cabezal; seguirá cruzando la extremidad superior del esternon, yendo á pasar por debaxo de

la

la axila ó sobaco del otro brazo, encontrará el extremo posterior, y uniéndolos hará un nudo mas ó ménos apretado, y despues una lazada : el sitio en que se ha de atar la cinta puede variarse siempre que haga la misma compresion sobre la vena que se va á picar : despues se pone una tohalla sobre el hombro y pecho, habiendo reconocido la vena, se dispone la lanceta, mandando al enfermo incline la cabeza hácia el lado opuesto ; se pone el dedo pulgar de la mano izquierda sobre el cabezal, y se aprieta, y el índice se sitúa á cierta distancia por encima, sobre la vena, de modo que se sujete con seguridad : se ha de tomar la lanceta con la mano derecha, abriendo la vena en el espacio que hay entre los dedos dichos : la cisura ha de ser longitudinal, profundizando mas que en las otras, porque hay que romper el músculo cutáneo : inmediatamente se pone la cánula ó náype dentro de la cisura en su extremidad inferior, y si no acomoda se aplica exteriormente, comprimiéndo-

la

la para que obligue á salir la sangre,
impidiendo su descenso: hecho esto, si
no corre con libertad se le da al enfermo alguna cosa para que masque,
haciendo incline la cabeza adelante, sacada la debida cantidad de sangre se
quita la cánula, y se lava el sitio y circunferencia con prontitud, disponiendo
tenga un ayudante pronto el parche, y
otro le ayudará á unir los labios de la
cisura, poniendo al instante el aglutinante: se aplica un cabezal encima de
la venda, dando vueltas al rededor del
cuello hasta que se concluya, debiendo ser en el lado opuesto, y se ata ó
prende con un alfiler: en lo demas se
procederá con arreglo á lo que he ma-
manifestado en el artículo primero de
este capítulo.

ARTÍCULO IV.

De la operacion de la sangría hecha en las venas raninas, y en la angular interna.

De la operacion en las raninas.

En ésta y la que sigue, si hay necesidad de ligadura, debe usarse la que se ha dicho en las yugulares; no se necesita mas que una lanceta en la forma regular, ó envuelta en una cinta hasta cerca de su corte, de modo que esté fixa en el mango, suficiente cantidad de agua tibia; otra de agua y vinagre, ó un poco de vino caliente, y una vasija para la sangre. El paciente estará sentado, y el Sangrador en la postura que sea mas propia y comoda: en esta disposicion, y puesta la ligadura si es necesaria mandará al enfermo que abra la boca, y que asegure la parte anterior de la cara inferior de la lengua contra los dientes incisivos de la mandíbula superior; de esta si-

situacion resulta que formando la lengua
una convexidad hácia fuera, se presentan á la vista las dos venas raninas cubiertas por una membrana trasparente:
en este tiempo debe tomar la lanceta,
que tendrá dispuesta en la forma mas
propria, y segun las circunstancias abrirá una vena; y si fuese pequeña, y da
poca sangre, debe hacer lo mismo con
la compañera. Executado esto, mandará
al enfermo incline la cabeza adelante, y
eche la sangre en la vasija: si no saliese
bien, se le da agua tibia para que se
enjuague y que mueva la lengua; por
estos medios suele conseguirse que salga
con libertad. Habiendo sacado la suficiente cantidad de sangre, se dirá al paciente llene la boca de la mezcla de agua
y vinagre, ó vino tibio, y si no es suficiente para impedir que salga la sangre,
se le pone debaxo de la lengua una porcion de agárico ó de hilas mojadas en
algun líquido astringente, haciendo que
apoye con firmeza la lengua en ellas.

De la operacion que se hace en la vena
angular interna del ojo.

Para esta operacion se necesita una
lanceta, una cánula, un cabezal que
tenga la figura y grueso suficiente para
adaptarse y llenar el hueco que resulta en
el ángulo interno del ojo formado por
la nariz, y el arco superciliar; una venda del largo de dos varas, y mas de dos
dedos de ancho, un poco de tafetan en-
gomado, y una vasija para la sangre.
Estando sentado el enfermo y puesta
la ligadura, se reconoce la vena que suele estar bastante manifiesta en los casos
que piden esta sangria. Inmediatamente
se toma la lanceta con la mano derecha,
y dirigiendo su punta de abaxo arriba se
rompe la vena, que regularmente está
bien fixa: despues inclinará el enfermo
la cabeza hácia aquel lado, y se pondrá
en la mejor forma la cánula para que
dirija la sangre hácia la taza: luego que
dexa de salir ó se le impide, debe lavarse
toda la inmediacion, y habiéndola enxu-

ga-

gado se pone el tafetan y encima el cabezal referido; con la venda se hace el
vendaje llamado de ojo simple, el que
no describo por ser muy facil y comun;
con la misma venda si acomodase se pueden hacer circulares al rededor de la
cabeza, haciéndole un agujero en cada
vuelta quando pase por encima de los
ojos, y de esta suerte quedan los dos
descubiertos.

La operacion que se hace en las venas temporales es muy semejante á la que
se practica en las arterias del mismo
nombre, por cuya razon no la explicaré.

ARTÍCULO V.

De la Arteriotomía.

Esta operacion puede practicarse en todos aquellos sitios en que esté la arteria
descubierta, y en que la estructura de
la parte permita que se haga sin perjuicio la debida compresion. Estas circunstancias se hallan en la fosa temporal;
por este motivo le han preferido los Prác-

ti-

ticos : el mas propio es en la parte lateral del ángulo externo del ojo, en la arteria, en alguna de las temporales superficiales, y con preferencia en la anterior. Estan discordes los *Autores* acerca de si se
ha de hacer ligadura ántes de abrir la arteria ; pero poco hay que decidir, pues
siempre que se perciba la arteria, y esté
bien llena, entónces no se necesita de
ella : no obstante será mas cómodo y util
proceder del modo siguiente : un ayudante sostendrá contra su pecho la cabeza del enfermo, teniendo en la mano un
tapon de corcho ó de otra materia apro-
piada; y quando le avise el Sangrador,
debe comprimir con él la arteria en el
sitio que le señale, mientras se abre;
y hecho, debe continuar la compresion mas ó ménos fuerte, hasta que se
saque la cantidad de sangre que se ha
determinado; si se quiere puede ponerse
en práctica el método siguiente : se pone
una pelotita de papel, ó una moneda en
una compresa, y envuelta se aplica encima de la arteria, á dos ó tres dedos por
encima del sitio en que se va á picar;

sobre ella se pondrá uno, ó mas cabezales, los que se apretarán lo suficiente con una cinta, dando vueltas circulares al rededor de la cabeza, anudán-
dola en el lugar opuesto. Ademas de lo
que se acaba de decir se necesita para esta operacion una lanceta, varios cabezales de diferentes magnitudes y grueso,
agárico ó un parche aglutinante, venda
de quatro varas de largo arrollada en dos
globos, dos ayudantes, una taza, y todo
lo demas que tantas veces he indicado.

Habiéndose sentado el enfermo y puesto en execucion alguno de los medios
propuestos se acomodará el que va á operar; teniendo dispuesta la lanceta abrirá
la arteria longitudinalmente, observando
las reglas que se han expuesto en la yugular: inmediatamente mandará al enfermo que incline la cabeza al lado de la
sangria; habiendo sacado la señalada cantidad de sangre, debe cesar la compresion: despues de haber lavado y enxu-
gado la parte, se aplica sobre la cisura
un poco de agárico ó el parche, y encima el cabezal mas pequeño, continuan-

do

do en ponerlos cada vez algo mayores, hasta que se juzgue haber suficientes, haciendo siempre fuerte compresion, la que debe continuar despues por algunos minutos, y se pone el vendaje.

Sobre la especie de vendaje y modo de hacerle hay bastantes discordias entre los facultativos; cada uno podrá hacer el que le parezca mas facil y seguro; no obstante, el que voy á proponer me parece reune las circunstancias que pueden desearse.

Se toma un globo de la venda referida en cada mano, y puesto el medio sobre los cabezales se llevan uno por detras de la cabeza, y otro por la cara, hasta llegar á la sien del otro lado; en este sitio se mudan de mano, pasando una vuelta por encima de la otra; despues se vuelve por los mismos sitios, y cruzando las vueltas sobre la sangría, se cambian de mano los globos, y cruzándolos, uno se lleva por encima de la cabeza, y el otro por debaxo de la barba, dirigiéndolos de modo, que llegando á la fosa temporal izquierda se vuelvan á cruzar mudán-

dando de mano, continuando despues en
dar vueltas circulares como la primera
hasta concluir la venda, debiendo anu-
dar los extremos ó coserlos : sea qual fuere el vendáje, ha de estar puesto por lo
ménos de seis á ocho dias ó algo mas. No
deben sorprehenderse los principiantes
quando vean salir la sangre con ímpetu
muy encarnada, siguiendo las alternativas
de los movimientos *sístole y diástole* de
las arterias, si tienen presente lo que se
dixo hablando de su estructura.

CAPÍTULO VII.

*De algunos síntomas propios de la
sangría y de los accidentes primitivos y consecutivos con el modo
de diferenciarlos.*

Aunque la sangría esté executada con
todos los conocimientos y reglas que
prescribe el Arte, no por eso está exênta
de algunos síntomas, los que serán mas
ó ménos graves con relacion á diferentes circunstancias que pueden concurrir
en

en diversos sugetos, segun queda expuesto en los tres primeros capítulos. Si
el Sangrador advierte al enfermo las cosas que observa en él, y que no son comunes, se pone á cubierto de todas las
malas conseqüencias que pueden seguirse,
contribuyendo á que sean ménos peligrosas que serian si procediese sin estas
advertencias.

Los sintomas que con mas freqüencia
suelen advertirse en toda sangria, son:
primero, una sensacion dolorósa mas ó
menos activa: segundo, desmayos mas ó
menos freqüentes y grandes: tercero, dificultad en que salga la sangre ó su total
detencion: quarto, entorpecimiento y
dificultad en mover la parte: quinto,
cierta especie de temblor, á que suelen
seguirse esperezos y sudor.: sexto, el
aporisma y la equimosis: séptimo, el tumor linfático: octavo, si el paciente es
de temparamento débil, ó está poseido
de algun *virus* ó sea *veneno*, no se cierra
la cisura sin mucha dificultad, y comunmente tiene malas conseqüencias culpán-
dose al Sangrador sin razon, y con ella si

no

no lo advierte : nono , si el sangrado no
observa lo que dispuso el Sangrador, que
deberá ser con arreglo á lo mandado en
el capítulo quarto, no seria de extrañar se
siguiesen varios síntomas: decimo, es bastante comun que sobrevenga un tumor-
cito inflamatorio que se supura con
prontitud.

ARTÍCULO I.

De los accidentes primitivos de la sangría.

El Sangrador y el enfermo , juntos ó
separados , son las principales causas pro-
ductivas de las enfermedades que voy á
tratar. El Sangrador por su ignorancia ó
descuido; el enfermo por su osadia y falta
de obediencia: sea de estas qual fuere la
causa , lo cierto es , que si se evitan no
habrá síntomas. Los accidentes de la sangría en general se dividen en leves ó
simples, y en graves ó de mayor conseqüencia. Los simples son la sangría blanca, la equimosis, el trombo ó sea apo-
ris-

risma, la dificultad en salir la sangre, el tumor linfático, dolor y torpeza en los movimientos, y algunos añaden el síncope. Los graves son la picadura de la aponevrose, la del periostio, la puntura del tendon, la del nervio, la herida de la arteria ó sea el aneurisma, y los tumores que se siguen de las heridas que se acaban de nombrar. Debe saberse que se les da por todos los *Autores* el nombre de accidentes de la sangría; pero este nombre no les conviene despues que se han verificado, porque existen realmente, y tienen todas las propiedades y la esencia de enfermedades, solo se les debe dar con relacion á lo posible que les sobrevengan, sin que sea forzosa su existencia; pues esto quiere decir accidente, cosa que puede suceder.

De todas las enfermedades referidas, las primitivas son la sangría blanca, el dolor, la dificultad en salir la sangre, la equimosis y las heridas de todas las partes mencionadas. La diferencia que hay entre cada clase de estas

tas enfermedades se conocerá por la definicion y descripcion de cada una, y por los síntomas, bien que en éstos no dexa de haber alguna confusion.

Se llama sangría blanca á la en que el Sangrador ha herido el tegumento, y no abrió la vena: las causas de esta sangría pueden ser varias, las principales son, si la lanceta está poco cortante, ó el pellejo es muy duro y grueso, haber mudado la vena de sitio, el haber apartado el miembro el enfermo, ó porque el Sangrador no procedió con arreglo á lo dicho en el capítulo sexto.

Se entiende por equimosis una mancha con alguna elevacion superficial que muda el color del tegumento en cárdeno ú otro, que es producida por la sangre infiltrada en las venas del texido celular : las causas de la equimosis son las heridas en que no sale la sangre con libertad, las caidas, los golpes, las tiranteces fuertes, las compresiones violentas y los pellizcos, &c. Estas diferentes causas externas produ-

ducen la rotura de algunos de los va-
sitos que se distribuyen en el cutis y
texido celular, sin que haya necesidad
de herida en lo exterior, de que se sigue la infiltración de la sangre en las
celditas del texido celular. El apó-
risma es un tumor parecido al chichon,
formado por la sangre derramada, y á
veces coaxada, que queda debaxo de
los tegumentos en la sangria. Las causas del aporisma son, el no haber hecho
la cisura del pellejo igual á la de la
vena, ó que no esten enfrente, el atravesarse en la solucion alguna porcion
de gordura, y la mas comun es, porque en venas gruesas se hacen pequeñas aberturas: la aplicacion por mucho
tiempo del dedo sobre la cisura, estando puesta la cinta, puede ser causa del
aporisma ó de la equimosis, &c. El Tra-
ductor del Señor *Lafaye* entiende estas difiniciones del modo siguiente.

"El aporisma es un tumor forma-
»do de la sangre derramada en la cir-
»cunferencia de la abertura de la vena."

"El equimosis es un tumor super-
»fi-

ficial formado de la sangre estravasada,
»en el cuerpo adiposo, la qual muda
»el color natural del cutis en otro amo-
»ratado, obscuro ó amarillo."

Estan copiadas á la letra, sin que
les falte acento, punto ni coma. ¡Qué
inteligencia del idioma frances! ¡Qué
propiedad en el castellano! ¡Qué conocimiento de la anatomia, y qué modo de entenderlo todo al rebes! Pues
esta habilidad se advierte en la mayor
parte de los que se llaman Traductores,
como lo acreditan sus infieles copias, sin
que puedan excusarse con los originales,
pues aunque fueran romancistas no harian
mas. La detencion ó dificultad que algunos veces se advierte en el acto de
salir la sangre, sucede por varias causas; tales son los desmayos, el síncope,
el miedo, la fuerte compresion de la
ligadura, la espesura de la sangre, el
atravesarse una porcion de gordura en
la cisura, haber hecho la abertura cerca ó encima de alguna válvula, la qué
puede evitarse, advirtiendo el nudo qué
forma en la vena con tumor á lo ex-

terior, y las que se han dicho en el capítulo sexto.

Se da el nombre de tumor linfático consiguiente á la sangría á una especie de vexiga trasparente y sin dolor, que no cambia el color de la piel, situado en la circunferencia de la cisura. Las causas de este tumor son la linfa que vierten los vasos linfáticos que se hirieron al tiempo de abrir la vena, y que no se reunieron; el no haberse cicatrizado bien la cisura del pellejo por el mal método de unir los bordes de la solucion, á que contribuye la falta ó desarreglo en la compresion.

Se da el nombre de dolor á una sensacion desagradable que altera todas las funciones, si no cesa su causa, y que cada uno la explica segun la percibe en su celebro, ó por el modo con que son estimulados los nervios. Las causas del dolor se dividen en próxîmas y remotas: las próxîmas son las que le producen inmediatamente, causando la tension de los nervios: las remotas son todas las que contribuyen á que se

ve-

verifiquen los efectos de las inmediatas
ó en que ellas se hacen. En las heridas son
la exposicion de los nervios al ayre,
la extension producida por apartarse los
labios de la herida, la aplicacion de los
cuerpos que tienen la propiedad de *ir-
ritar* las partes heridas, la compresion,
la presencia de algun humor ó líquido
estimulante, y la imperfecta division de
algun nervio, membrana ó tendon, &c.
Se llama herida toda solucion de continuidad reciente, y que por ella se
derrama sangre ú otra substancia hecha
por causa externa en qualquiera parte
del cuerpo. Las heridas se diferencian
con relacion á los instrumentos con que
son hechas, y á las partes en que estan situadas. Omito las demas diferencias porque no son de mi objeto. La
distincion esencial de las heridas se toma de las partes que interesan, del instrumento con que se hicieron, y de sus
qualidades. Estos conocimientos debe ad-
quirirlos el Cirujano para tomar la indicacion, y formar el pronóstico.

Todos los instrumentos capaces de
pro-

producir heridas estan reducidos á tres
clases generales, que son cortantes, con-
tundentes y punzantes. Puede haberlos
que tengan dos de estas qualidades, cómo sucede en una lanceta ; y por ser
solo las heridas que produce este instrumento las de que voy á tratar, no
hago mencion de las demas causas, ni
de sus diferencias. Con sola la circunstancia de ser una herida hecha con instrumento punzante, aunque sea muy
pequeña, es mas peligrosa que otra
mucho mayor, executada con instrumento solo cortante, ocupando las dos
una misma parte. No obstante que la
lanceta es á un tiempo cortante y punzante, propiedades que en otras circunstancias disminuirian la gravedad de
la herida, no sucede así en las que in-
voluntariamente se hacen con ella sangrando, pues en este caso solo obra como punzante sobre las partes que no
se quieren herir. Los Cirujanos instruidos diferencian la picadura de la lanceta de las picaduras ó punturas hechas
con instrumentos solo punzantes, como

son

son las agujas, las lesnas, las espinas y
los dientes de ciertos animales. Las conseqüencias de éstas, ordinariamente son
mas peligrosas que las de la lanceta. Asimismo se llaman picaduras en general
las heridas que producen los reptiles;
como son las culebras y víboras &c. y
las de algunos insectos transformados en
volátiles, como son las abejas, las abis-
pas, los mosquitos y otros. Por esta causa hay necesidad de dar á cada una, ademas del nombre genérico, el de la causa que la produce; por esta razon se
debe decir picadura ó puntura hecha
por la lanceta. Con esta especificacion,
desde luego el que es profesor forma
una idea, que sin este aditamento no
podrá formarla, y de este modo los principiantes aprenderán.

ARTÍCULO II.

De la picadura de la aponevrose en la sangría.

Pueden herirse las aponevroses que hay debaxo de las venas en los sitios en que se practica la operacion de la sangría, particularmente en las venas temporales, en las tres medianas, en la basilica y cefálica, quando se sangra en el doble del brazo, y en todas las venas del antebrazo, en la salvatela y en qualquiera de las venas que hay en el dorso de la mano, igualmente se puede herir sangrando en el empeyne ó garganta del pie, y en el dorso entre los tendones. De las picaduras de todas estas aponevroses ninguna tiene síntomas tan temibles, ni de peores conseqüencias que la aponevrose del biceps. Explicando las señales de una es suficiente para conocer por ellas relativamente todas las demas.

Se percibirá que se ha picado la apone-

névrose del músculo biceps, por la resistencia que ha hecho en cortar la lanceta,
en el dolor vivo, y en una especie de temblor que siente el enfermo en el instante
mismo de la picadura, el que se extiende por toda la parte interna del antebrazo, llegando hasta los dos dedos,
especialmente al pulgar, y en ciertos
casos comprehende toda la parte inferior
del brazo.

Algunas veces sobreviene por esta
causa el aporisma, porque se ha perfo-
rado la vena de una á otra parte; quando
se ha herido este síntoma tarda bastante en disminuirse. Si la herida no in-
teresa mas que parte de la aponevrose,
los síntomas insinuados no se extienden,
sino desde la sangría á la muñeca, y
no incomodan al enfermo mas que quando hace algun movimiento. Algunas veces la picadura de la aponevrose tiene
malas resultas, porque suelen formarse
ingurgitamientos inflamatorios, que comunmente terminan formando abscesos
encima ó debaxo de la aponevrose: no
es de estrañar que se verifique la mor-

o   ti-

tificacion, si las partes heridas forman alguna estrangulacion, ó si los líquidos detenidos son de naturaleza acre.

ARTÍCULO III.

De la picadura del periostio en la sangría.

En la operacion de la sangría que se hace en la vena angular, en algunas de la mano, en varias de la cara superior del pie, en algunos sitios de la safena externa y de la interna se puede picar el periostio: se conocerá en la resistencia que halla la punta de la lanceta, y en que algunas veces se rompe ó dobla: el dolor comprehende en todas direcciones la circunferencia de la cisura, y se acaba de confirmar por la inflamacion y la tension dolorosa, que se extiende comunmente por toda la longitud del hueso que cubre el periostio herido.

ARTÍCULO IV.

De la picadura del tendon en la sangría.

Es muy facil que los principiantes piquen algun tendon sangrando en qualquiera de los sitios que siguen. En la vena angular el tendon del músculo orbicular de las palpebras, en la doblez del brazo, sangrando de la gran mediana, podrán rara vez picar el tendon del músculo biceps, si no tienen conocimiento del sitio, y no ponen la mano en pronacion ántes de picar. En el dorso de la mano pueden herirse alguno de los tendones del extensor comun ó de los propios: en el borde interno del pie, sangrando de la safena grande puede picarse el tendon del músculo tibial anterior, y en toda la cara superior del pie los tendones del largo y corto extensores comunes de los dedos.

La puntura del tendon se conoce, si es en el biceps, por la grande resistencia

que

que se percibe en la punta de la lanceta, en el agudísimo dolor que siente el enfermo en todo el brazo, particularmente desde el origen de las dos ó tres porciones de dicho músculo hasta la cisura; y de ésta por la parte anterior hasta los dedos, aunque menos fuerte, es el mas constante y grave lo siente un poco por debaxo y en la misma articulacion del brazo con el antebrazo, pero muy profundo; esto es, en el mismo instante en que se picó. En los demas sitios en que hay tendones se han de comparar los síntomas con relacion al origen y uso del músculo, á quien pertenece el tendon herido. Del referido dolor se sigue á muy poco tiempo una tension inflamatoria de mas ó menos extension, pero siempre grande, acompañada de pulsacion en toda la extremidad, y de contraccion convulsiva en todo el brazo, tan incomoda que el paciente no puede tenerle en flexion ni en extension.

No tarda en manifestarse una calentura violenta, que se hace regularmente continua. El delirio y la convulsion ge-

ne-

neral se disputan la primacía : si no se aplican con conocimiento y prontitud todos los remedios propios y los mas eficaces, el enfermo está muy expuesto, y á lo ménos se siguien grandes rumores, que á veces terminan en mortificacion.

ARTÍCULO V.

De la puntura del nervio en la sangría.

El Sangrador mas instruido y práctico no está exênto de picar sino los gruesos cordones, otros que son mas delgados, cuyos síntomas no tienen menor conseqüencia. En la sangría que se hace en la basilica, en su mediana, en la cefálica, y en la mediana de este nombre, en algunas del dorso de la mano, en las dos safenas, y aun en las raninas y varios filetes de comunicacion en la angular interna del ojo.

Los síntomas de la puntura del nervio son diferentes, segun su grueso y la extension de la herida : quando se corta en-

enteramente un ramo pequeño, el enfermo siente en el acto de picar un dolor agudo que cesa despues; sus resultas son un entorpecimiento, que se extiende por toda la parte en que se distribuye, y que regularmente desaparece á cierto tiempo. Quando se pica algun nervio grueso, sus síntomas son muy temibles; el vivísimo dolor, los movimientos convulsivos, ó generales ó particulares en la parte en que va á distribuirse, la calentura, el delirio, la inflamacion, los abscesos, la gangrena ó la muerte son sus señales y efectos. Aunque el nervio no sea muy grueso, si nace ó se distribuye cerca de alguna parte muy sensible ó irritable, y que sea principal, sus síntomas tienen las mismas conseqüencias, segun lo afirman los Prácticos.

ARTÍCULO VI.

De la picadura de la arteria ó del aneurisma.

Se da el nombre de *aneurisma* en general á un tumor preternatural, hecho de sangre depositada ó vertida por la dilatacion ó rotura de una arteria. Los *aneurismas* se dividen en varias clases; pero las principales, y que precisamente tienen inmediata conexîon con la operacion de la sangría son las que siguen: el aneurisma verdadero, el falso primitivo, el consecutivo, el varicoso, el enquistado y el falso secundario.

Se llama *aneurisma verdadero* á un tumor circunscripto de color natural, blando, con pulsacion alternativa, y que comprimiéndole desaparece algunas veces, formado con lentitud por la dilatacion de una arteria.

Aneurisma falso es la abertura de una arteria que da salida á la sangre para que se vierta ó deposite en su circunfe-
ren-

rencia junta ó infiltrada, y que altera el color de la piel formando tumor.

Se da el nombre de *aneurisma falso consecutivo* á la abertura de la arteria que se hace en el tumor que forma el aneurisma verdadero.

Dan el nombre de *aneurisma varicoso* quando en la sangría del brazo, despues de atravesar la vena basílica, se pica la arteria, y despues se cierra la cisura externa de la vena y tegumento, y los bordes de la interna se unen con los de la arteria, pasando la sangre por la abertura de una á otra.

Esta especie de *aneurisma* se conoce en una dilatacion varicosa de la vena, en la que se siente pulsacion, acompañada de un ligero ruido, y en que desaparece siempre que se comprime la arteria.

Foubert da el nombre de *aneurisma enquistado* á una especie de *aneurisma falso secundario*, que se presenta con todos los síntomas del verdadero; porque despues de la sangría, obligada la sangre por la compresion, se derrama y forma un quiste, en atencion á que la cisura

ex-

exterior se cierra y aparece un tumor semejante al dél verdadero.

Se llama *aneurisma falso secundario,* quando habiéndose cicatrizado la abertura de la arteria se vuelve á abrir y dexa salir la sangre, la que, juntándose en la parte, forma un tumor.

Las causas de los aneurismas las dividen en internas y externas; en estas dos clases incluyen muchos Autores varias, que jamas los producen. Es muy gracioso el modo con que se explica sobre este punto el Señor Villaverde, *tom.* 2. *pág.* 233 y dice asi: "Por lo que mira á "los fluidos, la sangre debe estar do-"tada de cierta cantidad, qualidad, gra-"vedad, fluidez, y velocidad &c." De todas las mas comunes son las disminucion del cálibre de las arterias, las contusiones y las heridas: éstas son las que debe conocer y saber el Sangrador para evitarlas.

Quando en la operacion de la sangría se hiere la arteria no es siempre de un mismo modo, pues unas veces se divide su envoltura externa sola, otras

se

se comprehende parte de las demas túnicas, llegando la punta de la lanceta á la superficie externa de la verdadera túnica, hiriendo parte de ella: en otras se divide enteramente esta túnica: en todos estos casos se siguen aneurismas con mas ó ménos prontitud, segun las circunstancias: omito dar mas señales que las dichas, porque en estos siempre es conocida la causa: por si no estan difinidas con propiedad copio á la letra la difinicion que trae el Curso de operaciones de Cirugía, compuesto para el uso de los Reales Colegios, *part.* 2. *cap.* 20, *pág.* 484. *art.* 1.

"La aneurisma es un tumor preternatural, formado por la presencia de cierta cantidad de sangre arterial dentro ó fuera de sus vasos."

Parece que los Cirujanos latinos tienen facultad de convertir los nombres sustantivos masculinos en femeninos.

AR-

ARTICULO VII.

De los accidentes consecutivos de la sangría.

Los accidentes consecutivos de la sangría dependen de la mala indicacion, ó de los primitivos: los primeros no son de la jurisdiccion del Sangrador; por esta causa no trato de ellos: los otros corresponden al Sangrador, en atencion á que la necesidad en estos casos, no debe reconocer mas *dominio ni autoridad* que su mas facil y pronto socorro.

De todos los accidentes que son primitivos, los que por su naturaleza no se pueden curar en el primer tiempo con los medios que se conocen por mas propios y efectivos, aplicados con la debida indicacion, pasan á ser consecutivos: de este número son las punturas de los nervios, las de los tendones y los aneurismas: como se estos se sigue toda clase de tumores, especialmente los inflamatorios y sus opuestos, estrangulaciones gangrenosas, la misma gan-

gre-

grena húmeda ó seca, la falta de movimiento de una parté, como sí es un
dedo ó del todo, siendo la extremidad.
Algunas veces vienen movimientos convulsivos, contracciones, fístulas, úlceras, cáries y la pérdida total de una
extremidad.

Si tratase del conocimiento, diferencias y modo de curar cada una de
estas enfermedades en sus diferentes estados, necesitara escribir un grueso volumen, distrayéndome de mi principal
objeto; no obtane, me consta prácticamente que en la mayor parte de ciertas Provincias de España se sirven de
Sangradores, porque lo esteril del país
no les permite dar un mediano sueldo
para que los asista Cirujano en propiedad: por esta razn el Sangrador suple
al *Cirujano* y al *Médico*, de lo que resultan los inconveientes que son mani-
fiestos á todos.

Movido, pues del sentimiento que
me causa la infeizsuerte de tantos Ciu-
danos honrados, epondré á su favor, y
en el de los principiantes algunos de los

sinsíntomas mas graves y freqüentes que se siguen de los primeros en la operacion de la sangría : la mayor parte de los síntomas propios de las heridas que se hacen en la indicada operacion pertenecen á la medicina quando dependen de otras causas ; por esta razon , lo que voy á decir debe entenderse de estos , quando se conocen por causa las heridas.

La convulsion puede ser general ó particular , con tension ó sin ella , continua ó alternativa : por estas variedades no se puede definir con propiedad. Los Cirujanos dan el nombre de movimientos convulsivos quando es alternativa ; y perfecta, siempre que no dexa periodos , y la parte ó el todo estan con rigidez ; general, quando afecta todo el cuerpo; y particular, si solo comprehende una parte. La convulsion es una contraccion violenta , involuntaria y alternativa de uno ó mas músculos , producida por el desarreglo en el curso de los espíritus animales.

Las causas de la convulsion son la

pun-

puntura de algun nervio ó tendon , el
rasgamiento ó division imperfecta de dichas partes , los cuerpos estraños sóli-
dos , el estímulo producido por la accion y propiedad irritante de algun líquido , aplicado ó formado en el cuerpo ; igualmente lo son las grandes he-
morragias , ó quando uno ó mas músculos estan cortados , y los antagonistas
tiran , de que resulta que está la parte
en una tension convulsiva.

La paralisis chirúrgica es general ó
particular ; se llama general , quando
comprehende toda una extremidad como la inferior ; y particular , siempre
que no pase de una parte , como es
el pie ó un dedo : las causas de la paralisis son , la total division de un nervio , cuyos ramos van á distribuirse en la
parte , las grandes compresiones hechas
sobre los nervios y vasos de un miembro , el aneurisma , y la division de los
tendones de los músculos que mueven
un miembro.

La inflamacion es una enfermedad,
en la que el volumen del tumor es re-
la-

lativo al grado de irritacion y disposicion de las partes; el dolor, el color, encarnado, y la calentura general ó particular son los síntomas mas comunes de ella.

Acerca de la causa inmediata de la inflamacion en general no estan acordes los Autores; pero las de la inflamacion, que es del dominio de la Cirugía, se halla demostrada del modo siguiente: la irritacion mas ó ménos fuerte y continuada debe determinar la sangre á que corra ó afluya de todos los puntos de la circunferencia al centro, que es el irritado, haciendo que se detenga en los vasos capilares; y el tumor que resulte de esta atraccion será de diferente extension, segun la permanencia, actividad y situacion de ella. La inflamacion se divide en esencial, crítica y sintomática; los tumores que forma se dividen del mismo modo: en particular se hacen otras divisiones tomadas del sitio, de las terminaciones, y de otras circunstancias que las acompañan. Por el sitio en general se dividen en flegmones,

y

y erisipelas , y en particular en anginas
y optalmias , &c. Los síntomas de todos
estos tumores en general son los de la
inflamacion , juntos y modificados por los
de las demas enfermedades que se agre-
gan. La inflamacion ó ingurgitamiento
inflamatorio que sobreviene á las heridas reconoce por causas todas aquellas
que son capaces de magullar las carnes,
estimulándolas demasiado ; tales son los
cuerpos estraños , los vendajes muy apre-
tados , la exposicion larga de la herida
al ayre frio , el uso de los remedios
muy espirituosos, y el de todo apósito estimulante, la plétora general, y la que resulta por la accion aumentada en la parte,
á las que puede añadirse el defecto de no
sangrar lo suficiente al enfermo , si no
derramó la herida cierta cantidad de sangre, y finalmente la falta en el régimen.

Las terminaciones de toda inflamacion pueden ser diferentes ; pero las mas
comunes y favorables son la resolucion
y formacion del *pus* : parece que la naturaleza tiene impuesta la ley de no
poder formar materia sin que preceda
in-

inflamacion; de la especie magnitud, constancia y situacion de ésta dependen las calidades y cantidad del *pus.*

La materia, supuracion y pus son tres nombres, con los que en castellano se determina una misma cosa: en el poco conocido idioma de la buena Ciru‑ gía estas voces tienen otra significacion, pues se entiende por supuracion la ac‑ cion con que la naturaleza muda los humores y otras substancias en *pus*; es‑ to es, en los tumores, porque á esta misma accion en las heridas y úlceras se le da el nombre de digestion: se da el nombre de *pus* á una substancia blan‑ ca de buen olor, que se forma en los abscesos, y sale de las úlceras: quan‑ do por alguna causa se alteran estas ca‑ lidades del pus, se llama pútrido, sa‑ nioso, corrosivo, &c. La supuracion es una accion propia de la naturaleza; por lo comun es buena, y merece ser co‑ nocida de todos los que se dedican al arte de curar: son muy pocos los casos en que es útil interrumpirla, siendo dig‑ no de reparo que hay Profesores tan

P

poco reflexîvos, y tan obcecados que se
empeñan en estorbarla, usando de todos
los medios de que se vale el arte con
utilidad, quando los determina la verdadera indicacion ; pero la naturaleza
mas sabia, hace que la virtud de los referidos medicamentos obre en su favor, lec-
cion con que pretende enseñar á los que
no quieren observarla para imitar sus
miras.

Los síntomas de la supuracion son
relativos á las circunstancias que concur-
ren en la inflamacion ; pero generalmente la anuncia el mayor dolor, la calentura general ó particular, y los síntomas
de éstas : en los tumores, ademas de los
mencionados y su constancia, el color
mas ó ménos encendido, el aumento de
volumen, si se perciben ó ven; la permanencia en este estado, y la resistencia
á los efectos de los medicamentos emolientes y resolutivos, son signos suficientes para creer se verificará la formacion de la materia. La falta de algunos de estos síntomas suele tranqui-
lizar al paciente y al profesor si es in-
cau-

çauto; pero no siempre que se ha formado el *pus* faltan los signos de la supuracion, y no pocas veces hay supuracion sin que se perciban sus síntomas.
No obstante, la ausencia del dolor, de
la calentura, y por consiguiente de sus
mayores efectos, son síntomas que in-
dican se ha formado la materia.

Los tumores que sobrevienen á la
operacion de la sangría son todos hu-
morales, especialmente sanguineos. Estos
se dividen generalmente en dos clases:
la primera comprehende los sanguineos
inflamatorios, divididos en la forma que
queda expresada; la segunda contiene
los que son absolutamente sanguineos,
y que no es de esencia la inflamacion
en ellos; tales son el aporisma, la equimosis, las varices y los aneurismas, &c.

Las úlceras que se siguen de las heridas y tumores contenidos en este capítulo son relativas á la especie de herida y tumor que las produce. Los límites que me he propuesto no me permiten que trate de ellas.

El deseo de hacer mas util esta obra

me ha puesto en la precision de que
exponga en el capítulo siguiente, con
la posible claridad, sencillez y breve-
dad, los medios mas propios y eficaces
de que se valen en estos casos los Cirujanos mas instruidos de la nacion y aun
de las estrangeras: los pocos conocimientos propios no me permitirán que lo
desempeñe con la debida propiedad; pero
uniendo á ellos los que veo practicar á
mis *doctos Maestros y Compañeros*, re-
sultará alguna mayor perfeccion. Porque determine algunos remedios internos no debo ser censurado, en atencion á que no hay puesto límites en
esta materia entre la *Medicina y Cirugía*: por otra parte, las causas mencionadas deben absolverme de qualquier
error.

CAPÍTULO ÚLTIMO.

Del modo de corregir los síntomas y accidentes en general, y de cada uno en particular.

Para curar las enfermedades en general es indispensable la aplicacion de los medicamentos sobre alguno de los órganos de la economía animal, pues de otra manera no producen sus efectos. Las diferentes clases que nos presenta la materia chirúrgica en su therapeútica es el campo donde debemos buscarlos. La indicacion será la que deba decidir sobre la especie, cantidad y modo de usarlos, segun el género, especie y estado de la enfermedad. El sitio en que se deben aplicar, lo enseña la Anatomía y Pathología general y particular. La esencia de este punto no es inferior á la de los anteriores, sin que esta verdad dexe de comprehender hasta los mas débiles remedios externos. Por la cantidad, sitio y modo de aplicarlos

se

se hacen útiles ó perniciosos, La virtud de los remedios consiste principalmente en sus qualidades físicas ó químicas: para conocerlas y distinguirlas, se necesitan varios conocimientos; pero principalmente el de la materia quirúrgica, y el de la therapeútica. Si las referidas partes del arte no se conocen mas que por oidas, ¿cómo será fácil poder elegir con acierto el remedio que exîge la indicacion? La forma en que se deben poner será segun el sitio que ocupe la enfermedad, y las circunstancias que la acompañen: este requisito contribuye bastante para conseguir el fin que se propone.

Por último, sin estos conocimientos es imposible percibir la relacion que exîste entre las causas y los efectos de las enfermedades, y la accion de los remedios. De lo dicho puede inferirse que si un Profesor ha de tener todas las nociones de que se ha hecho mencion, y las que dicen los _Eruditos_ que son precisas, dudo pueda ninguno llegar á merecer con propiedad el nombre de _Profe-_

fesor. Sin embargo, como el caracter principal de la Cirugía consiste en la parte operativa, muy bien puede un Cirujano, cuya mano se dirija con tino físico-anatómico, ser útil y perfecto en su clase, pues su mano es el principal remedio en esta parte.

ARTÍCULO I.

Del modo de curar algunos síntomas y accidentes en general.

Las indicaciones que presentan las heridas para su curacion general y particular son relativas á cada clase y especie, debiendo variar principalmente, segun su simplicidad ó complicacion. El sitio y uso de la parte herida deciden sobre la suerte del enfermo, y deben por consiguiente llamar la atencion del Profesor, para poner en práctica todos los medios conocidos, y otros que le sugiera su idea, guiada por la razon y experiencia. Todos los remedios se pueden dividir en generales y particulares,

ó

ó en propios y comunes. Con los generales se llenan comunmente las indicaciones de su clase : guiado pues por
esta regla, voy á exponer los medios
que emplea la Cirugía en general para
curar las especies de heridas complica-
das que se hacen en la operacion de la
sangria.

Todos los Prácticos que han tomado por norte la experiencia concuer-
dan unánimes en los síntomas y accidentes que acompañan á las punturas de
los nervios y tendones, y á las picaduras de las aponevroses y periostio,
igualmente estan conformes en los medicamentos que se deben usar interior,
y exteriormente. Los síntomas de estas
quatro especies de heridas en general
son muy parecidos, y solo hay la diferencia de que en la aponevrose y periostio no son tan executivos ni espantosos ; pero no se debe estrañar que sus
accidentes sean tan graves y peligrosos
como los del tendon y nervio. Quando
trate de la curacion particular diré
con qué remedios se han de curar ; aho-

ra solo trato del régimen que se debe
imponer á los enfermos, y de los medi-
dicamentos con que generalmente se pro-
cura quitar ó disminuir los síntomas de
estas heridas. Para comprehender esta
doctrina es necesario tener presentes los
síntomas en la forma que los expuse
anteriormente.

· El dolor, la convulsion, la inflamacion y la calentura vienen con bastante freqüencia á la division imperfecta de algunas partes aponevróticas, ner-
viosas ó tendinosas. El medio mas pronto y eficaz de corregir estos síntomas
es *desbridar* ó cortar enteramente las
partes que los ocasionan; pero como tratando de cortar, los enfermos se asustan é
intimidan de tal suerte, que generalmente mas quieren exponerse á padecer los
mayores dolores, y aun la muerte, que
consentir se les haga la mas leve incision; esta causa ha obligado á los Prácticos á usar de otros medios, tales son cau-
terizar el tendon ó nervio con aceyte de
trementina ó comun muy caliente, ó con
la piedra infernal,

Á

Á los medios que acabo de exponer deben preceder los socorros generales , como son los calmantes internos , los tópicos anodinos y relaxântes , la situacion mas conveniente de la parte , y dexar que vierta la herida cierta cantidad de sangre , contribuyen bastante. Las sangrías mas ó ménos repetidas , segun las circunstancias son igualmente oportunas : asimismo conviene dar al enfermo en media libra de orchata comun medio grano del extracto de ópio, ó un cocimiento de cebada y escorzonera con nitro , ó el espíritu dulce de éste en dosis moderada ; es util para beber en uso general , ó el suero con alguno de estos ingredientes : la dieta rigorosa , algunas lavativas , las cataplasmas , riegos y fomentos emolientes y anodinos á la parte , repetidos con freqüencia , son los medios mas propios y eficaces con que se mitigan estos síntomas : si éstos se aumentan ó estan rebeldes , y la inflamacion se manifiesta con síntomas execuvos , no hay otro medio que el de cortar el tendon ó nervio : si los espas-

mos

mos y el dilirio suelen continuar , en
este caso la gangrena está próxîma ; no
hay otro remedio mas oportuno que la
administracion prudente de la quina con
medio grano de alcanfor en cada dragma , y en la parte debe usarse de un
riego continuo con poca cantidad de
agua tibia , segun el dictamen de algunos Práticos del dia : en la orchata referida se le puede añadir en lugar del opio
un grano de alcanfor , y en la agua en
cada vaso regular tres ó quatro gotas del
láudano líquido de *Sydenam* : á las cataplasmas y baños anteriores se les puede aumentar algun resolutivo ; al baño,
aguardiente alcanforada , ó una dragma
de sal ammoniaco en cada dos libras de
agua , ó una onza de aguardiente ; á
la cataplasma puede ponérsele una dragma de goma de ammoniaco , y medio es-
crúpulo de alcanfor : puede hacerse la
cataplasma en la segunda agua de cal,
y el baño de cocimiento de agenjos , es-
cordio y quina. Si permanece el dolor
fixo en la parte sin otro síntoma ni causa
conocida que la herida, se le puede aplicar

car una cataplasma hecha de cicuta verde, cocida en leche. En la herida del
tendon ó nervio se pondrá un lechino
mojado en aceyte de trementina ó de
yemas recientes; por ultimo, los baños
generales de agua comun tibia, mas ó
ménos repetidos: debe modificarse relativamente la dosis y uso de los medicamentos internos y externos; sin embargo
de todos los medios referidos, suele manifestarse mas ó ménos pronto la gangrena; en este caso la bebida general
dicha, la orchata con el alcanfor y una
pequeña y repetida dosis de quina son
los remedios mas eficaces, cuya virtud
acredita la experiencia. En la herida, los
suaves supurantes con un grado de calor
moderado son los medios, de que me
valgo en semejantes casos: si la gangrena
se resiste, es necesario aumentar la dosis
de la quina y del alcanfor.

El régimen de los heridos debe ser
relativo á los estados de la enfermedad,
á la edad y modo de vivir. En el primer
tiempo de la herida, mientras permane-
cen los síntomas y accidentes en su vigor

se

se le tendrá á dieta rigorosa, sin per-
mitirle tomé mas que caldo hecho de
aves tiernas y con poca grasa, y éste en
dosis muy pequeñas; deberán pasar de
una toma á otra tres ó quatro horas. En
los intermedios deberá beber con abundancia del cocimiento que se haya determinado, advirtiendo que en ciertos periodos no debe estar frio: quando
disminuyen los síntomas se le puede dar
caldo hecho con carnero ó baca, en el
que se disolverá una ó dos yemas fres-
cas, ó un poco de xalea: desvaneciéndose
los síntomas, y quitándose la calentura,
si el enfermo tiene apetito se le permitirán tomar algunos alimentos de facil digestion, que no sean estimulantes ni
tendentes á la corrupcion. El uso del
vino en dosis moderada será especial remedio para cierta clase de gentes, en
quienes la costumbre y otras propiedades obligan á que se altere todo este
orden, y hasta quitarles la cama para
que duerman en el suelo. En la habita-
cion de los heridos debe renovarse con
freqüencia el ayre, sin que exceda en
frio,

frio ni calor. La tranquilidad de espíritu en los heridos y el trato con Profesores poco instruidos, ó con los que no
lo son, debe impedirse. Por último, me
es imposible dar todas las reglas y excepciones que se necesitan sin salir de
mi objeto : los prudentes, en cada caso
usarán con moderacion de estas que son
las principales.

El dolor que sobreviene á las heridas se cura quitando la causa que le
produce, usando de los medios que se le
oponen, porque son sedativos de él. Aunque se quite qualquiera de las causas
que se han referido suele permanecer,
y este es el caso de hacer uso de los
baños de agua tibia, ó cociendo en ella
alguna planta emoliente, y de las cataplasmas anodinas y emolientes: la dieta
y la sangrías, si hay alguna inflamacion
contribuyen bastante para quitarle : la
inflamacion que sobreviene á las heridas
es util en el caso ó no; si lo es, debe
favorecerse con los suaves emolientes
para que se verifique la supuracion, accion benéfica que forma el *pus* : si es
per-

perjudicial, se sangra al herido con relacion á las circunstancias, si es que la herida no arrojó alguna cantidad ántes de
la primera cura: la dieta, el régimen
diluente, algun purgante minorativo y
los tópicos emolientes y resolutivos, regularmente impiden sus progresos ó la
disipan. El uso del vino ó aguardiente
con agua tibia, en los primeros dias no
tienen malas conseqüencias.

La convulsion que sigue á las heridas comunmente se cura quitando su
causa; pero si continúa se pueden usar
los medios referidos para la cura de las
heridas en general, á los que se puede
agregar el uso del licor anodino mine-
ral de *Hoffman*, y de todos los narcó-
ticos compuestos de ópio. Si se resiste
á todos estos remedios, el peligro del
enfermo es grande: si depende de una
hemorragia no deben usarse los estimulantes internos ni externos: el uso
de buenos caldos y cremas á menudo, y
en pequeña cantidad son los mejores
remedios, y jamas se darán espirituosos.

Los tumores que sobrevienen á la
san-

sangría dependen de ella ó de otros síntomas; los que dependen de ella expuse en la inflamacion el modo de curarlos: de la curacion de los tumores inflamatorios nada tengo que añadir á lo dicho
en cada uno de los síntomas de la inflamacion.

La curacion de las úlceras en general, despues de establecer al enfermo el
régimen conveniente con relacion á la
clase de úlceras, y á las reglas que quedan establecidas en las heridas, exîge
pocos medicamentos. La aplicacion de
un simple digestivo; las hilas en bruto
en el principio, y despues raspadas suelen ser suficientes para su total y perfecta curacion.

ARTÍCULO II.

Del modo de curar los síntomas y ac-
cidentes en particular.

La sangría blanca no exîge otro remedio que el de indagar quál fue la causa
y conocida, se tiene presente al tiempo

de

de repetir la picadura, que es el principal medicamento. Si el paciente quiere
se repita á eleccion del Sangrador, no
debe hacerla en aquel sitio sino en la parte inferior, será mas acertado; y si hay
inconveniente, en otro lugar : en la cisura que no dió sangre se pondrá un cabezal pequeño sostenido por una venda.

· Si la sangre que forma el aporisma
está disuelta, es suficiente para curarle poner un cabezal mojado en agua
fria, ó mezclada con vino, y el vendaje regular; á pocas horas se resuelve,
y quando mas queda la equimosis. Estando la sangre cuaxada en forma de
trombo, son necesarios otros medicamentos, una fomentacion emoliente
y resolutiva, algunas friegas, y una
suave compresion son oportunas; mas si
la sangre no se resuelve, que es lo có-
mun, debe extraerse haciendo una abertura con un bisturi. Si el enfermo no
quiere, se solicitará producir la inflamacion, y despues la supuracion que
se sigue forma materia en sus inmediaciones; ésta la disuelve y sale con

Q ella;

ella : la ulcerita que resulta se cura con facilidad.

El tumor linfático se cura aplicando un cabezal mojado en aguardiente alcanforada tibia ó en vino, poniendo la venda con la advertencia de que le comprima bien, repitiendo el riego sin quitarla : alguna vez este tumor se abre por sí, y queda una pequeña fistula; ésta se cura con la compresion continuada, y si no cede, se toca con la piedra infernal, y despues se cura con prontitud la ulcerilla : á veces queda la expresada fistula sin formar tumor, quando se han abierto muchos vasos linfáticos, y no se consiguió la reunion de la cisura ; en este caso el método establecido es suficiente para curarla.

La dificultad que halla la sangre en su salida, y que algunas veces la detiene enteramente tiene diferentes causas : la mayor parte se han dicho, hablando de las operaciones, y las restantes diré ahora, aumentando el modo de remediar las que no se han puesto : el síncope se cura dando á oler al pacien-

te alkali volatil ó algun espirituoso ménos activo ; suele ser suficiente á veces
un vaso de agua fria para que vuelva en sí y corra la sangre ; finalmente
una porcion de gordura puede atravesarse en la cisura , entónces el introdu-
cirla no es suficiente , porque vuelve á
salir ; el mejor medio es , si quiere el
enfermo , tirar un poco de ella hácia
fuera y cortarla con las tixeras.

· La equimosis suele ser suficiente para que se cure frotarla con agua de la
Reyna de Ungría ; y si tiene elevacion
se aplican cabezales mojados en vino tibio ó en aguardiente alcanforada , dando ántes unas friegas suaves , y poniendo una venda encima bien ajustada.

Debe intentarse la curacion de la
paralisis con arreglo á la causa que
la produce : las regulares ó mas freqüentes en la Cirugia quedan expuestas;
y porque la mayor parte tienen que
describirse separadamente en este tratado , por ser síntomas ó enfermedades
esenciales relativas. La paralisis que depende de la division de un tendon ó

mús-

músculos principales puede curarse siempre que se consiga la reunion de las
partes divididas.

La que depende de la compresion
de un nervio ó arteria principal se
podrá curar siempre que se quite la causa; pero si ha subsistido por mucho tiempo no es tan facil su curacion ; siempre que se verifique por la ligadura ó
division de una arteria, se disminuirá,
segun que los vasos colaterales se vayan dilatando, y lleguen á suplir la arteria. De la que no puede prometerse
su curacion es quando está dividido el
nervio principal, á ménos que no queden algunos ramos por encima de la herida que vayan á distribuirse en donde
el cortado. Siempre que se han picado ó dividido los nervios, el miembro queda mas ó ménos insensible, segun el tronco: los movimientos son tar-
dos y poco enérgicos. Los enfermos suelen explicar este efecto diciendo les ha
quedado el miembro como acorchado,
y que á veces se les adormece. Los remedios fortificantes y nervinos internos
pue-

pueden ser de alguna utilidad. En la parte se deben hacer friegas por mucho tiempo; si las regulares no hacen efecto pueden darse con un cepillo de cerdas ásperas, mojándole ántes en agua de la *Reyna de Ungría*, tapando despues bien la parte. Igualmente puede usarse de algun linimento aromático, ó baños corroborantes de vapor; y si esto no fuese suficiente, los baños de aguas termales sulfúreas y el uso de la electricidad.

La indicacion que presentan generalmente todas las soluciones de continuidad es la reunion de las partes divididas; pero entre otras excepciones, que justamente se hacen, están comprehendidas todas las heridas de que voy á tratar, particularmente si tienen síntomas ó accidentes que se opongan á la consolidacion, ó que puedan inutilizarla en caso que se haga. Por estas razones se debe impedir la reunion de todas las heridas que se van á exponer por pequeños que sean sus síntomas, no descuidándose en la execucion

de

de todos los remedios generales, internos y externos, para impedir los accidentes, ó hacer que sean de ménos gravedad, duracion y conseqüencia.

En la picadura de la aponevrose, desde el principio, se deben hacer en todo el antebrazo, ó en el sitio que esté, embrocaciones con aceyte de simiente de lino, ó de almendras dulces, y
encima se pone la cataplasma anodina.
Si la supuracion aparece debe favorecerse por la aplicacion de los emolientes y supurantes; en caso que llegue á formar *pus*, se debe abrir la
cisura para que salga. Algunas veces
continúan los síntomas de la supuracion;
en este caso puede suponerse que hay
alguna porcion de materia debaxo de
la aponevrose : este es el tiempo en que
se debe dilatar dicha aponevrose para
darle salida. Si se presenta algun tumor
en otro sitio diferente que el de la cisura, debe abrirse en él mismo. Todos
los medios que se acaban de exponer
suelen ser insuficientes para evitar las
conseqüencias de la extrangulacion, si

es que la plenitud excesiva se manifiesta, y hace rápidos progresos; en este
estado ya no queda otro arbitrio que
el de hacer algunas incisiones de bastante extension, y en diferentes direcciones, para de este modo asegurar el
fin, que es desbridar la porcion ó porciones de la aponevrose que estan ten-
sas, y que son la causa de los síntomas : despues se cura la úlcera del
modo que se ha insinuado.

Quando los síntomas de la picadura del periostio son de poca entidad,
es suficiente para curarlos dar en la parte baños de agua tibia ó de cocimiento de malvas, con una quarta parte de vino ó aguardiente, y mandar
que el enfermo guarde quietud. Si el
dolor y la inflamacion se aumentan, se
debe sangrar al enfermo, y aplicar en
la parte cataplasmas emolientes y anodinas. En la cisura se pondrá un poco
de bálsamo de Arceo para que se sus-
cite una ligera supuracion, la que terminando en la formacion de *pus*, no
tiene malas conseqüencias. Si con estos
me-

medios no ceden los síntomas , y mas
bien se aumentan , debe procederse de
la misma suerte que se ha dicho en la
picadura de la aponevrose.

En la puntura del tendon se deben
poner inmediatamente en práctica todos los socorros generales , ayudados de
los tópicos anodinos y emolientes , á fin
de disminuir la sensacion dolorosa y
sus efectos. Si no obstante los medios
referidos , los síntomas de la tirantez ó
estrangulacion subsisten con mas actividad , y los acompaña el infarto inflamatorio , amenazando la gangrena , no
hay otro medio mas eficaz que el de
dilatar la abertura de la sangría , para
que puedan salir los xugos , y se presente el tendon descubierto : entónces
se le debe poner un lechino embebido
en aceyte esencial de trementina muy
caliente para disminuir la sensacion dolorosa. Algunos Autores encargan el uso
del aceyte hirbiendo , y del cauterio actual aplicado sobre el tendon. Igualmente se puede aplicar alguna piedra
caustica , la que no dexará de producir

cir algun buen efecto. Si no obstante la
buena eleccion y uso de alguno de los
medios propuestos los síntomas y accidentes siguen aumentándose con rapidez,
indicando la ruina del enfermo ó la
gangrena , en este caso se debe cortar
el tendon transversalmente para evitar,
ó suavizar tan grandes males. Si los
depósitos purulentos han hecho algun es-
trago se debe procurar corregirlo por
los medios convenientes ; los que no esten abiertos deben manifestarse y proceder del mismo modo que en las úlceras ; en los que se ven los tendones,
no se deben usar digestivos ni otras
substancias grasosas. Siempre que el tendon quede con la longitud y disposi-
sicion conveniente se ha de intentar
su consolidacion por medio de los vendajes y de la situacion. Omito exponer
los demas remedios que citan.

   Habiendo conseguido la reunion
queda el movimiento de la parte mas
ó menos lisiado ; pero el uso continuado de ella , y los baños de agua dulce
tibios son unos remedios eficaces. Otros

Au-

Autores dignos de fe, dicen que aunque se corte un tendon transversalmente las mas veces se reune, ó no se pierde el movimiento. De heridas he visto curarse varios, y aun los he curado sin que haya resultado otro inconveniente, que alguna torpeza en los movimientos.

De la puntura del nervio. Si el nervio herido es pequeño, y no son los accidentes graves, deben aplicarse para calmar el dolor una mezcla de aceyte de simiente de lino, rosado y vino tibio. Si no queda mas que algun entorpecimiento se harán embrocaciones con el aceyte de cachorrillos ó de lombrices. El uso de los baños tibios de agua dulce es especial remedio. Puede llegar el caso de que los síntomas sean graves y espantosos, como sucede en la puntura del tendon; entónces se debe proceder de la misma suerte que en la del nervio.

Compendio Histórico del modo de cu-rar los aneurismas.

El aneurisma ó nevrisma es una enfermedad que consta la conocieron los antiguos, por lo ménos desde Galeno. El padre de la Anatomía moderna, *docto Médico y diestro Cirujano,* Andres Vesalio, en su Cirugía magna, impresa en Venecia año de 1569, en el *lib.* 1. *pag.* 15 vuelta, expóne los medios de curar el *aneurisma* por medio de los abstringentes, ó por la ligadura del vaso; y en la *pag.* 269 vuelta la define, haciendo mención de sus causas. Esta obra, poco conocida, contiene la doctrina mas selecta de todas las partes de la Cirugía; de suerte, que disminuye ó quita enteramente el mérito de los *modernos inovadores,* aun hasta los que han escrito en el año último. El célebre *Ambrosio Pareo,* en el *lib.* 7 *cap.* 34 *pag.* 184 en folio, impresa en Leon en 1641 trata del *aneurisma;* y aunque este Autor no se detiene dámasia-

siado trae en compendio todos los medios con que se puede curar esta enfermedad. En el *lib.* 9 *cap.* 7 *pag.* 210
y 211 expone con claridad el modo
de ligar los vasos con todas las precauciones ; de modo, que los modernos han
olvidado algunas de las que refiere, siendo útiles : no dexa de disminuir algo
su mérito el haberse impreso la obra
de *Vesalio* seis años antes. En vista de
estas inegables pruebas no queda la
mas remota duda de que esta enfermedad ha sido conocida ó tratada con método., y que los Escritores eruditos á
la *violeta* no hacen ni han echo mas
que ofuscar el mérito y la verdad.

Aurelio Cornelio Celso en el *lib.* 5
cap. 26 *pag.* 290 y 91 en Patavii en
octavo 1722 expone todos los medios
de que nos servimos para detener los
fluxos de sangre : esta obra digna de
que la estudien y sepan todos los Cirujanos que desean instruirse contiene
la doctrina mas selecta , y está llena
de excelentes máximas.

Despues de leer y comparar la doc-
tri-

trina de diferentes Autores de todas épocas y naciones, resulta que los medios que se usan para curar los aneurismas son varios, pero que todos conspiran á uno de dos fines: por el primero se solicita la fortificacion de la arteria, si está dilatada, ó la reunion, estando dividida, procurando dexar libre su uso. La compresion graduada, metódica y continuada es el mas eficaz remedio, siempre que la disposicion natural de las partes la permita. En el segundo se procurará privar la arteria de su uso, especialmente del *aneurisma*, hácia las partes en que se distribuye, por medio de una ó mas ligaduras que se hacen en su tronco, si la parte lo permite. Quando la ligadura no se puede practicar se usa de la compresion, mas ó ménos fuerte, segun las circunstancias; y si se hace sin ánimo de conseguir la curacion radical, se llama paliativa. Si hubiera de tratar de los *aneurismas* en general, de sus diferentes especies, causas, síntomas, pronóstico y curacion, tenia materia suficiente pa-

para escribir un tomo; pero el objeto
que me he propuesto, y los límites
me lo impiden. Solo me ceñiré á los
que resultan de la operacion de la sangría, y á los que tengan relacion con
estos. Para evitar repeticiones y confusion haré algunas advertencias generales ántes de exponer lo manual de
la operacion.

Primera, se debe reconocer con mucha exâctitud el *aneurisma* para no
equivocarse, pues las venas se hallan á
veces encima de las arterias, y la sangre sale por la herida con ímpetu relativo al pulso, y si hay verdadera
plétora, en grande cantidad, continuando despues de quitada la cinta. Segunda, si es *aneurisma*, comprimien-
do la arteria exâctamente por encima
de la picadura, dexará de salir la sangre; y si se pone la cinta por la parte
inferior de la herida, no saldrá si es
vena, y con mas fuerza siendo arteria.
Tercera, se debe aberiguar sin que
quede duda la especie de aneurisma.
Quarta, será muy util saber si está en

el

el tronco principal , ó en alguno de sus ramos ; y no será ménos importante saber si es en el sitio en que se divide , porque en este caso es necesario hacer tantas ligaduras quantos son los ramos. Quinto , no debe ignorarse la causa que la produxo , y el tiempo que tiene. Sexto, deben tenerse presentes la edad, el sexô y su estado , la constitucion y estado actual del enfermo. Séptimo , en el primer tiempo de todo *aneurisma* está indicada la compresion por mas ó ménos tiempo , segun su clase , á fin de impedir el derrame de la sangre ó sus pogresos , y acostumbrar á los vasos colaterales , si los hay , á que reciban mayor cantidad de sangre , por si llega el caso de ligar la arteria. Octavo, en todo tiempo, clase y estado de los aneurismas debe disminuirse la cantidad de la sangre , evacuándola ó impidiendo vaya á la parte por medio de la compresion hecha, segun la situacion y longitud de la arteria. Noveno, se debe intentar la curacion de los aneu-

ris-

rismas falsos primitivos por medio del
agárico y la compresion, especialmente
en los que se acaban de hacer en la
sangría (dexando se derrame bastante
sangre, si no es alguna embarazada),
aunque el *Señor Luis* dice que no, y
que la operacion es el único recurso;
pero este Cirujano me parece erudito.
Décimo, el *aneurisma verdadero* siendo reciente y pequeño, es muy probable se cure por la compresion, de-
biéndose advertir que nunca se ha de
ligar el vaso sino hay colaterales, sea
qual fuere el estado. Undécimo, en
toda clase de *aneurismas falsos*, ántes
de hacer la compresion, se deben quitar los grumos de sangre, si los hay, y
descubrir la abertura de la arteria para
poner en ella la primera pieza del apósito, é impedir se infiltre ó derrame la
sangre por la extremidad, haciendo todo
el vendaje segun arte. Duodécimo,
quando no se pueda practicar en parte
oportuna ninguna especie de ligadura
por la monstruosidad del tumor, ó porque no se sabe el sitio de la solucion,

se debe dilatar inmediatamente para
buscarla en la forma referida. Déci-
matercia, los *aneurismas verdaderos*
con las circunstancias expresadas en
la décima advertencia , si no se curan
por medio de la compresion, situación
y régimen, haciendo entrar ántes en
la arteria la pequeña porcion de sangre, y practicando la compresion por
largo tiempo en la forma que se dirá,
al ménos se mantienen en el mismo estado, segun el dictamen de la mayor
parte de los Autores. Décimaquarta,
desengañado el Cirujano Sangrador y
el enfermo de la insuficiencia de todos
los medios insinuados, deben convenirse
en hacer la operacion con acuerdo y
convenio de otros Profesores *doctos.*
Décimaquinta , la especie de operacion se ha de determinar con respecto
al sitio del *aneurisma* , y al vaso en
que está. Los Autores varian en la clase de operacion, y en el modo de
practicarla : sus opiniones se reducen á
que unos dicen no es necesaria mas
operacion que descubrir el vaso y li-

gar-

garle por encima del aneurisma, á cierta distancia, la que variará, segun las circunstancias. Despues curar. la herida del modo regular, sin que se toque al tumor, poniendo el miembro en la situacion conveniente, y fomentándole continuamente con los espirituosos y resolutivos : sobre este particular y su uso pondré al fin mi dictamen. Asimismo mandan se imponga al enfermo un régimen suave y poco nutritivo : afirman que por este medio han curado varios aneurismas de la *poplítea*. Los señores *Hunter*, *Guattani* y *Caballini* son los que dicen lo han hecho. De *Pelletan*, dice *Hevin*, que dos que le vió operar tuvieron buen éxîto. Por mi parte he visto practicar esta operacion quatro veces á los Cirujanos de mas crédito de España ; pero los enfermos peligraron, aunque no puedo determinar qual fue la causa de su muerte. Décima sexta, sobre si se debe comprehender el nervio ó no en la ligadura hay alguna discordia ; pero parece convienen en que se pueden comprehender, porque disecándo-

dolo se cortan algunos vasos calaterales,
los que producen fluxo, y hacen quitar el apósito. Asimismo se puede comprehender una pequeña porcion de carne, ó partes inmediatas, pues aunque
vienen algunos síntomas, no tienen conseqüencias perniciosas, porque se des-
vanecen á cierto tiempo, tratándolos
con método. Decimaséptima, la operacion mas general y util es la que
expondré, porque está adoptada por los
mejores *Cirujanos* de *Europa*, y porque
he visto practicarla diferentes veces con
feliz éxîto. Décimaoctava, no expon-
go la preparacion que se debe hacer con
el enfermo ántes de la operacion, porque está comprehendida en estas advertencias: el sitio le supondré en la flexûra del brazo: el tiempo de hacer la
operacion lo determinará la necesidad
ó el Profesor: el aposento y demas
circunstancias deben ser las mejores: ahora se sigue disponer todo lo necesario
para hacer la operacion con la debida
forma y las buenas calidades que pide
el arte.

El

El operador elegirá el número suficiente de ayudantes instruidos, encar-
gándoles el cuidado de que avisen los
defectos ántes de cometerlos : dos tor-
niquetes, uno de *Petit* y otro de los
comunes : dos visturis, uno recto de
mango fixo, una pinza anatómica, dos
herinas, y tixeras rectas, dos agujas
corvas, poco anchas y cortantes por los
bordes, que tengan la punta poco aguda ó afilada, enhebradas cada una con
dos hilos dobles encerados, para que
se acomoden, no siendo muy gruesos,
en el medio canal que tendrán en cada
una de sus caras, dexando un par de
hilos mas, por si ocurre alguna necesidad, dos sondas acanaladas, cintas de
hiladillo, compresas, lengüetas, hilas
finas en bruto, y algunos lechinos, dos
pedazos de esponja muy limpia y fina,
una vasija con agua tibia ó mezclada
con vino, vendas, agárico, y todas las
demas piezas que constituyen el apósito
que dixe en la arteriotomía.

Estando sentado el enfermo se pondrá una lengüeta doble sobre la direccion

cion de la arteria, la que se ha de extender desde la axîla hasta cerca del cóndilo interno del húmero, se la sujetará
dando algunas vueltas circulares con
una cinta ó venda, despues se pone
una compresa circular, á tres ó quatro
dedos por encima de los cóndilos, ó
por debaxo de la insercion del músculo
del tòydes. En este sitio se ha de aplicar el torniquete, de modo que su principal compresion la haga sobre la arteria, procurando queden los lazos hácia
la parte externa. Si las circunstancias
no permiten se ponga en este lugar se
aplicará en la axîla, poniendo ántes una
pelota, ú otro cuerpo que llene esta
cavidad, y encima una compresa circular que rodee la articulacion, y sobre
ésta el torniquete, para impedir el paso
de la sangre; se conocerá está bastante
apretado en que no se percibe el pulso.
Debo advertir que todo este vendaje
permanecerá despues de la operacion
por algun tiempo, aunque mas floxo.

El operador se colocará en el sitio
mas oportuno, disponiendo lo hagan los
ayu-

ayudantes; á uno encargará el torniquete, y á otros dos mandará sujeten
uno el brazo, y otro la mano. Teniendo pues el enfermo extendido el brazo,
el ayudante que estará frente al Cirujano, si lo permite el tegumento, for-
marán entre los dos un pliegue obli-
qüo, que se dirigirá desde el borde
interno del antebrazo hácia el cóndilo
externo del húmero; el operador tomará el bisturí, y con él cortará el
pliegue; de modo que la incision se
dirija del cóndilo interno hácia la cara
ánterior del antebrazo, extendiéndose
algo mas de lo que ocupa el tumor,
pasando por encima de su parte media.
Si habiendo hecho esta solucion se ve
que no está manifiesta toda la extensión
del *aneurisma*, se introduce por el extremo de la solucion que convenga una
sonda acanalada, y con un bisturí con-
vexô por el corte se dilata la incision
principiada, siguiendo la misma direccion, y llevando la mano como en el
ayre para no romper el aneurisma.

Si los tegumentos estan adheridos y
adel-

adelgazados, la solucion referida debe,
tener la figura de media luna , cuya,
convexîdad ha de estar hácia el cúbi-.
to ; principiándola en el sitio referido,
seguirá á raiz del tumor por aquel,
lado ; luego se hace otra transversal,
que principie en el borde interno de
la primera , dirigiéndola hácia el cú-,
bito : su extension será la suficiente;
para que se pueda descubrir la arte-,
ria. Habiendo dividido los tegumentos,
en esta forma se manda los sostengan
apartados con los dedos ó las herinas;
se enxuga la herida con hilas ó una,
esponja , despues se va separando con
cuidado la substancia adiposa , siguiendo
la dirección de la primera solucion , ex-
trayéndola con cuidado de no romper
el tumor. Inmediatamente se descubre
la aponevrose del biceps ó la comun
con una tirantez muy fuerte encima del
tumor.

En los *aneurismas falsos primitivos*
se encuentran grumos de sangre encima
de la aponevrose ; en los consecutivos
no se hallan estos coágulos hasta que,
se

se abre la aponevrose ; en uno y otro
caso es necesario quitarlos del modo mas
conducente : en los primeros las celdas
del texido celular estan llenas de sangre , como lo estan de linfa en las hede-
mas ; si forman vexigas , es menester di-
latarlas y enxugar la humedad hasta
que se vea la aponevrose : descubierta
aquella , se manda doblar un poco
el antebrazo , y siempre que se halle
en la parte inferior del aneurisma alguna separacion entre las fibras de la aponevrose se introducirá por ella la punta de una sonda acanalada , dirigiéndola
hácia la parte superior , y que se in-
troduzca todo lo posible , elevando al
mismo tiempo , si se puede , la aponevrose , para dividirla con un bisturí con-
ducido por el canal de la sonda.

Quando no es posible hacer pasar
la sonda por la grande tension de la aponevrose es preciso dividirla por uno de los
costados del tumor , de modo que se des-
truya su continuidad con el tendon. Será
mas cómodo y util dividirla por el lado
del cúbito , y despues de separada do-
blar-

blarla hácia el lado opuesto, hasta que el
tumor esté enteramente descubierto. En el
aneurisma falso se ve siempre la herida
que se hizo en la aponevrose, y se puede
introducir por ella una sonda para hacer
la dilatacion hácia la parte superior ó
inferior, segun se necesite, observando
la direccion referida. En este caso se encuentran debaxo de la aponevrose coágulos de sangre, los que es necesario
separar sin violencia para descubrir la
arteria. Como es preciso ligar la arteria
por encima y por debaxo del aneurisma, se hace forzoso manifestarla para
poder practicarlo : se introduce la sonda
segun su direccion por encima de ella, y
debaxo de lo que se ha de cortar, y tomando el bisturí en la forma expresada
se dilata por el sitio que sea necesario,
siguiendo su situacion, teniendo presentes las variedades que expuse en la Anatomía. En los *aneurismas falsos primiti-*
vos y consecutivos, si se quiere, puede
aplicarse el apósito y vendaje compre-
sivo que describí tratando de la Arte-
reotomía, debiendo principiar á ponerlo

por

por el agárico, y despues continuar en
la disposicion dicha para la sangría de
la doblez del brazo, añadiendo algunas
hilas, si se necesitan. Este apósito no se
debe quitar en muchos dias si no obliga
algún accidente.

Siendo el *aneurisma verdadero*, despues de haber descubierto toda la longitud del tumor, deben socabarse ó
ahuecarse un poco sus cóstados para descubrir la parte inferior de la arteria
algo mas de lo que ocupa el tumor, si no
se hizo ántes, como se ha dicho. Estando
la arteria bien manifiesta se debe hacer
inmediatamente la ligadura: no se ha
de mover ni levantar la arteria con las
pinzas, sino lo muy preciso, y la ligadura se hará en el aneurisma verdadero
inmediata al tumor.

El primer hilo debe pasarse por debaxo de la arteria en la parte superior
del tumor por el mismo sitio en que
principia á dilatarse para formar el *aneurisma verdadero*, y lo mas inmediato
que se pueda á la herida en el falso.
La ligadura de la parte inferior del tumor

mor se ha de pasar de la misma suerte
despues de haber pasado los hilos dobles,
cómo he dicho en otra parte, se pondrá
sobre la arteria un lechino suave, y encima se hace primero un nudo simple,
y despues el de Cirujano: practicada la
misma diligencia en la parte inferior se
afloxará un poco el torniquete; y no percibiendo el movimiento de la arteria, se
vuelve á apretar, y se abre el tumor longitudinalmente por su parte media: al
instante se han de quitar los grumos de
sangre, dexando limpia la arteria: si se
quiere puede cortarse la porcion de ella
que forma la bóbeda del tumor, dexando la porcion posterior, á fin de que los
dos extremos no se puedan apartar uno
de otro; despues se colocan los hilos
atados, y los que se han dexado á prevencion, por si viene algun fluxo, en
los extremos de la herida; se llena la
cavidad de hilas, y encima se ponen las
compresas que se juzguen necesarias en
la forma que se adapten mejor, y despues se pone el vendaje que se dixo para
la sangría del brazo.

Ha-

Habiendo concluido de poner el ben-, daje se afloxa el torniquete, dexándo- le en la misma situacion por si ocurre, caso que exîga su uso : se pondrá el brazo en la situacion mas cómoda en- cima de almohadas, y el antebrazo ha de estar ⟶ doblado , y en tal situacion, que la mano esté mas elevada que el codo ; se deberá sangrar al enfermo mas ó ménos con atencion á la indicacion : se- gun el parecer de muchos Autores prác- ticos y de gravedad , se debe fomentar la extremidad desde la ligadura abaxo con los espírituosos y resolutivos.

Atendiendo al modo de obrar de los medicamentos, y á los efectos que deben producir sobre las partes que se aplican, resulta que su virtud aumenta ó dismi- nuye con respecto al estado de aquellas, siendo cierto, como lo enseña la expe- riencia, y afirman los Autores, que la virtud que suponemos tienen los reme- dios, no siempre obra con relacion á la indicacion con que se aplican, resultando de aquí , que quanto mas disten sus pro- piedades físicas y químicas del auxî- lio ño que necesita la naturaleza, mayores son los perjuicios que producen. De lo expuesto se infiere lo perjudiciales que deben ser los medicamentos espirituosos, resolutivos, tónicos y corroborantes, si hay diferencia esencial entre ellos, aplicados despues de haber hecho una operacion, á la que debe seguirse la tension é inflamacion, cuyos efectos deben aumentarse por solo el uso de alguno de los medicamentos referidos; y creo que si no son mayores sus perjuicios consiste en que se aplican calientes: en prueba de lo referido, y en la de que no quiero que mi débil parecer subsista por sí, pongo el de los Autores que siguen.

El que se opone á un uso ó intenta extinguirle se expone á ser él el objeto de la crítica de todos aquellos que lo practican, y de sus apasionados. Las dificultades que tiene que vencer son relativas á la mayor ó menor, y acepcion á las utilidades ó perjuicios que de él resultan en general y en particular. De un uso metódico y racional suele tomar origen

otro

otro de las propiedades opuestas , y por último pasa á costumbre.

Los medios que se pueden usar para abolirle son varios; pero para acertar con el mas propio y facil de quitar una costumbre son necesarios muchos conocimientos y larga experiencia. El de instruir á los jóvenes desde el principio en las verdaderas máxîmas me parece el mas oportuno, aunque lento, al fin podrá conseguirse si se le une la proteccion de los que tienen á su cargo la correccion de los abusos, que involuntaria y facilmente se introducen, oponiéndose al deseado efecto de la perfeccion.

El tiempo, modo y medio son requisitos esenciales é imposibles de poner en práctica sin encontrar resistencia. En esta suposicion, y en la creencia de que á la verdad siempre apoya la experiencia , expondré el dictamen de algunos célebres Prácticos sobre el uso generalmente recibido en Europa de los medicamentos de las clases, que poco ha se han nombrado. La justa oposicion que he insinuado sobre el uso de dichos medica-

men-

mentos, despues de las operaciones, en las grandes contusiones, con fractura ó sin ella, en diferentes clases de estrangulaciones, en varios tumores y en la inflamacion &c.

El célebre *Vesalio* en la obra citada, *lib. 3. cap. 5. pag.* 145. vuelta, tratando del método de curar las heridas contusas de cabeza, dice que se deben usar los laxántes. *Pareo* en el *lib.* 15. *cap.* 5. *pag.* 336. hablando de la tercera indicacion general con que se curan las fracturas dice. "Diferentes accidentes obligan á quitar »el vendaje; pero el mas comun es el »picazon: en este caso es necesario fo- »mentar la parte con agua tibia por mu- »cho tiempo, porque el continuado uso »del agua tibia atenua y evaqua, y el »corto ingurgita y ablanda."

Portal en su compendio de Cirugía práctica, *tom.* 1. *pag.* 104. despues de haber explicado el modo de hacer la operacion del *aneurisma* dice. "Se pone el »brazo en situacion, y se regará con »fomentaciones emolientes tibias, cu- »briéndole despues con cataplasmas de
»la

»la misma naturaleza. Por este medio se
»proporciona una relaxacion propia para
»facilitar la dilatacion de las arterias que
»deben suplir á la que se ha ligado : este
»modo de proceder debe ser preferido
»al en que se emplean los espirituosos y
»resolutivos , recomendados por los Au-
»tores. Por este método reflexîvo se con-
»siguen comunmente éxîtos felices , por-
»que la sangre que debia ir por la ar-
»teria ligada hace nuevos caminos, los
»que suplen con eficacia el primero."

Lombard, en sus Opúsculos de Cirugía en la seccion segunda sobre la utilidad del uso del agua tibia ó caliente,
pag. 257. y siguientes , prueba con la
experiencia y autoridad la utilidad del
agua tibia en todos los casos que he referido , y en otros diferentes que omito:
principia desde *Hypocrates* , cuya doctrina adoptó en todas sus partes *Celso*,
y despues *Magato y Belloste* , &c. Este
observador y hábil Cirujano lo es del
Hospital Real y Militar de *Strasbourg*,
y aunque su obra no tuviera otro mérito
que el que le resulta del elogio que hace

de

de ella el sábio *Vicq. d' Azir* era suficiente para que mereciese el aprecio de
dos buenos Profesores.

Don *Francisco Villaverde* en el tom. 2.
cap. 15. pág. 245. de sus Operaciones de
Cirugía , dice: "Concluida la operacion
»se sitúa el brazo medio doblado , para
»que los músculos flexôres y extensores
»se mantengan laxôs: la mano se pondrá
»mas baxa que el codo para facilitar el
»influxo de la sangre hasta los dedos por
»los vasos colaterales; se aplican sobre el
»miembro fomentaciones emolientes y re-
»solutivas, calientes, y repetidas á menu-
»do para resolver los humores infiltra-
»dos , y acelerar el curso lentoroso de
»los demas , ensanchando los vasos y con-
»servando por este medio el calor de
»la parte."

Quando los Cirujanos estrangeros
lean la situacion que manda dar á la
mano , y en la pag. 242 que dice:
" se coloca un tortor en la parte me-
» dia y superior del húmero , para ser
» árbitro de la sangre" ¿harán buen
concepto de los Cirujanos Españoles?

y la literatura de nuestra Nacion adquirirá mucho honor? Es de admirar que un Cirujano latino y Escritor público tenga estos descuidos.

Entre los Autores de primera clase los hay que mandan se tenga el miembro en que se ha hecho la operacion del *aneurisma* en una continua humedad tibia por medio de los medicamentos espirituosos y resolutivos: si mis observaciones y corta experiencia mereciesen alguna opinion, unidas á las de los Autores mencionados, mandaria que se tuviese el miembro en la misma forma, con la diferencia de que en lugar de los remedios que se usan, fuesen tres partes de agua tibia, ó de cocimiento de una planta emoliente, y una de vino.

De qualquier modo que se haya procedido, aunque tarde en percibirse el pulso muchos dias, como no se noten vexiguillas ú otros síntomas, no se debe desconfiar del buen éxîto, pues los Prácticos afirman que algunas veces tarda semanas; bien que en esto debe

va-

variar por el sitio del *aneurisma* , por la clase de arteria , por su situacion y longitud , &c. Si por desgracia se manifiesta la *gangrena* , no queda otro arbitrio que la amputacion , si la parte lo permite.

El *apósito* no debe levantarse en quatro , seis ú ocho dias , no habiendo una causa poderosa : la curacion de la úlcera se hará con los medios , y en la forma que he referido : todas las indicaciones que piden las diferencias que hice de los *aneurismas* estan satisfechas, ménos la del varicoso : de éste dicen sus principales descubridores *Hunter* y *Pott*, que se puede conseguir su curacion por la compresion metódica y continuada, pues aunque no se cicatrice la arteria, pueden unirse las paredes de la vena, y cerrar por este medio la abertura de la arteria : los Autores citados y otros dicen que rara vez necesita de la operacion , porque los enfermos viven muchos años sin tener novedad.

Ademas de los Autores citados en toda la extension de este tratado me
he

he valido especialmente de las obras de
los que siguen : *Pedro Dionis* , Curso
de Operaciones de Cirugía con notas de
Lafayo. Garengeot , tratado de Operaciones , obra apreciable , y que ninguno como el Señor *Bertrandi* ha extraido de ella con utilidad. *Bertrandi* , tratado de Operaciones de Cirugía. *Fou-*
berst , diferentes discursos. *Fabre* , inda-
gaciones sobre diferentes puntos de Fisiologia , Patologia y Therapeútica. *Pru-*
dencio Hevin , Curso de Patologia y
Therapeútica chirúrgicas.

ÍNDICE

de los Capítulos y Artículos contenidos en este Tratado.

CAPITULO III.

CAPITULO IV.

CAPITULO VII.

De algunos síntomas propios de la
sangría, y de los accidentes primitivos y consecutivos, con el modo de diferenciarlos. . . . . 197.

CAPITULO VIII.

Del modo de corregir los síntomas
y accidentes en general, y de
cada uno en particular. . . . . . 229.

ART.

ER-

ERRATAS.

Pag.	línea.	dice.	léase.
5	4	falta	*regiones*
18	14	en	*con*
27	24	punta	*vase*
34	4	va	*van*
41	4	ramifica	*se divide*
68	9	gruesas ramosas	*gruesos ramos*
70	16	V	*IV*
114	8	seno	*sinuosidad*
115	4	falta	*en aquel caso*
id.	11	elevacion	*supinacion*
121	1	Artículo III	*IV*
123	13	aorta	*corva*
126	10	Artículo IV	*V*
127	4	ó uña	*cuneiforme ó cuña*
id.	20	que	*siempre*
235	1	suelen	*indican*

Lightning Source UK Ltd.
Milton Keynes UK
UKHW020058080223
416564UK00005B/348